KB275182

최소심 예인의 삶과 예술 이야기

강강술래 진도 명인

최소심 예인의 삶과 예술 이야기

글·사진 : 김 미 경 (스토리텔링 작가·문학박사)

도서출판 도훈

최소심 예인의 삶과 예술 이야기
ⓒ 김미경, 2020

지은이_ 김미경

발행인_ 이도훈
교   정_ 유수진
펴낸곳_ 도서출판 도훈
초판발행_ 2020년 11월 30일

사무실_ 서울시 서초구 법원로3길 19 2층, w109호
         (서초동, 양지원빌딩)
전   화_ 010-6722-4621, 0507-1453-4621
팩   스_ 0504-227-4621
이메일_ flyhun9@naver.com
홈페이지_ http://dohun.kr

ISBN_ 979-11-89537-62-3 03670

이 책은 2020년 전남문화재단 지역문화예술육성 사업비로
제작되었습니다.

차례

강강술래 진도 명인

최 · 소 · 심

강강술래 진도 명인 – 최소심

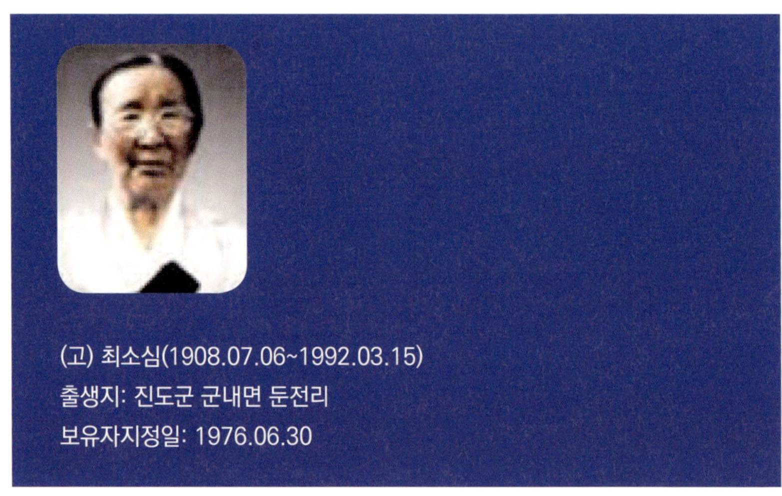

(고) 최소심(1908.07.06~1992.03.15)
출생지: 진도군 군내면 둔전리
보유자지정일: 1976.06.30

〈사진 출처 : https://blog.naver.com/jcia_전남문화산업진흥원〉
※ 위의 자료를 비롯한 많은 자료들이 최소심의 출생지를 둔전리로 기록해 놓았는데 사실은 덕
  병리라는 것을 밝혀 둡니다.(김미경 주)

〈사진 출처 : 강강술래 예능보유자 박용순 제공〉

〈사진 출처 : http://jindo.grandculture.net 디지털진도문화대전〉
※ 디지털진도문화대전은 본 집필자가 진도군 학예연구사로 근무할 때 실무를 맡
  아 진행한 프로그램으로 2007년 완성된 것입니다.(김미경 주)

세계무형유산 걸작 강강술래,
그리고 강강술래 진도의 예인 최소심!!!

온화한 웃음은 그녀의 최대 매력으로 아무리 화가 난 사람도 그녀를 만나면 언제 그랬느냐는 듯이 향긋한 미소를 떠올리게 하는 20세기 진도가 낳은 최고의 강강술래 진도의 예인 최소심!!! 최소심(崔小心)은 그녀의 이름대로 "작은 마음"을 지니고 늘, 겸손하게 모든 사람들을 만나 인연을 맺고 예술을 구현했다.

그저 그녀의 진한 예술을 만나면 주위 사람들은 마냥 흥겨워 함께 웃고, 함께 춤추고, 함께 노래했다.

어디에서든지 최소심 예인이 나타나면 그곳이 바로 공연장이며 잔칫집이었다. 지금으로 말하면 버스킹(busking) 공연처럼 길거리라든지 집 마당이든지 선술집 좌판 앞에서든지 가릴 것 없이 그녀는 흥이 나면 강강술래의 창(唱)부터 진도아리랑, 삼국지, 초한가, 청춘가 등을 정말 목청껏 멋드러지게 뽑아 냈다.

그런 강강술래 진도의 예인 최소심에 대해 내가 감히, 써야 되겠다고 마음 먹은 것은 우연인지 필연인지 내가 지난, 2019년 1월부터 진도군 군내면 둔전리에 터를 잡고 살게 된 것에서부터 비롯되었다.

서울에서 태어나고 자란 나는 2001년 진도로 내려와 7년 동안 진도 문화예술을 연구하느라 그야말로 동분서주(東奔西走) 바쁘게 돌아다녔다.

그 중에 2004년부터 2007년까지 3년 동안은 진도군 학예연구사로 근무하면서 진도군지와 디지털진도문화대전의 실무 업무와 집필을 하느라 진짜 눈코 뜰새 없이 바쁘게 지냈다. 그리고 2009년부터 나주로 가서 나주시 역사문화큐레이터 & 스토리텔링작가로 근무하느라 바빴고, 2010부터 2011년까지 전남문화예술재단 문화사업팀장으로 근무하느라 바빴다.

2012년, 1년 동안 방문학자로 중국 북경으로 날아가서 중앙민족대학에서 소수민족 축제 스토리텔링을 공부하느라 전전긍긍하고, 2013년부터 2017년까지는 전주대학교 연구교수하느라 여념이 없었고, 2018년에는 원광대학교 대학원 초빙교수로 한국문화학과 문화콘텐츠전공 석·박사들을 지도하느라 정신 없이 지냈다.

그런데 으짤거나 또, 진도다. 정말 진도야말로 나하고는 징~하게 인연이 깊은 곳이다.

그것도 진도의 문화예술 연구와는 뗄래야 뗄 수 없는 인연으로 마구, 늘, 나를 휘감고 있는 느낌이다.

　　최소심 예인은 장승제로 유명한 진도군 군내면 덕병리에서 태어났지만, 진도군 군내면 둔전리에서 사망했다. 많은 자료에서 그녀를 둔전리 출생으로 잘못 기입한 것은 아마도 그녀가 가장 최근까지 머문 곳이 둔전리이기 때문일 것이라 추측된다.

　　그리고 "人間文化財(인간문화재) 第八号(제8호) 崔小心女史功勞碑(최소심여사공로비)"도 둔전리에 있고, 그녀의 뒤를 이어 인간문화재 즉 강강술래 예능보유자로 활동하고 있는 박용순여사도 둔전리에 지금 살고 있으니 그런 오해를 불러 일으킬 만도 하다.

〈사진: 최소심여사공로비 및 최소심 예인의 수제자 박용순 여사(2020년 9월 5일)〉

"人間文化財(인간문화재) 第八号(제8호) 崔小心女史
功勞碑(최소심여사공로비)"는 1991년, 설립 당시에는 터도 크게 잡
고 문도 달아서 그럴싸하게 만들었다. 최소심 예인이 죽기 전에 꼭 하
고 싶었던 일이기에 제자들이 솔선수범하여 세워 준 것이다. 특히 둔전
마을에 사는 수제자 박용순 예능보유자는 이 일을 스승에 대한 마지막
보답으로 생각하며 적극적으로 추진했다고 한다.

그러나 30년이 지나다 보니 주변이 지저분해져서 박용순 예능보유
자는 이 공로비를 더 많은 사람들이 볼 수 있도록 좋은 곳으로 옮겼으
면 하는 바람도 가지고 있다.

어찌되었든 최소심 예인은 제자들을 잘 둔 덕에 이렇게 공로비도
둔전 마을에 세워져 있다.

“人間文化財(인간문화재) 第八号(제8호) 崔小心女史功勞碑(최소심
여사공로비)”의 비석 뒤에는 그 당시 진도문화원의 조담환 원장님이 최
소심 여사의 생애와 공로에 대해 다음과 같이 글을 썼다.

女史께서는 西紀一九○七年郡內面德
柄里父親崔奉允氏의둘째딸로태어나
四十一歲時이곳屯田里로移住當年八
十五歲이시다女史는목소리가남달리
뛰어나平素노래를즐겨부르시드니重
要無形文化財第八号강강술래初代保
有者였든梁弘道女史의뒤를이어一九
七六年國家無形文化財第八号로認定을
받고向後十五年間에걸쳐弟子養成은
勿論강강술래가우리나라를비롯하여
外國에까지公演,고장의명예와國威를
宣揚하였으므로우리는崔女史의이와
같은功勞를그리며永世토록名譽와傳
統을이어갈源泉을삼고자弟子들의뜻
을모아이碑를세우다

西紀一九九一年 月 日
글 珍島文化院長曺淡煥
글씨 海松郭文煥
推進委員 履修者
박용순 박종숙
김국자 김종심
박윤자 박부덕
김효순 곽춘자
이순용 박순심
박영단

달떠온다달떠온다동해동천달떠온다

저야달이뉘달인가,방오방네달이로세

방오방은어데가고날오는줄모르는가

강강술래

최소심 예인은 대한민국의 대표적인 무형유산 - 강강술래를 국가 중요무형문화재에서 2009년, 세계적으로 인정받는 유네스코 인류구전 및 무형유산 걸작으로 만든 장본인 중 하나이다.

1976년 강강술래 예능보유자로 지정된 이래 1992년 이 세상을 하직할 때까지 그녀의 예술 활동은 오로지 강강술래로 집중되어 있었고, 전국 각지를 돌아다니며 강강술래 보급을 위해 노력했다.

원래 세상 어딜 가나 말도 많고 탈도 많다. 더군다나 진도는 섬이라는 특수성 때문인지 더욱 말도 많고 탈도 많다. 최소심 예인의 삶의 이력을 훑어 보는 일에서도 말도 많고 탈도 많은 진도에서의 세상사를 느낄 수 있다.

워낙 인자하고 여러 사람들을 두루 화합하게 하는 기술이 뛰어난 그녀이긴 했으나 경쟁이 만연한 세상사 한가운데 서서 20세기 초 파란만장한 역사의 물결에 휩쓸려 결코 녹록하지 않은 인생을 살았다.

이미 태어날 때가 일본이 우리나라를 집어 삼키고자 온갖 야욕에 불타오르던 20세기 초였으며 급기야 4살 되던 1910년에는 그 치욕적인 한일합방이 이루어졌다. 그리고 그녀는 36년 동안이나 일제강점기의 지배를 받는 어두운 시대를 살아내야만 했다.

겨우 1945년, 그녀는 그리도 친했던 마을 사람들끼리 좌익이다 우익이다 편을 가르면서 온갖 이데올로기 싸움으로 점철되어 서로 죽이고 죽는 무지막지한 세월을 겪어야 했다. 그러다가 1950년, 동족 간에 총을 겨누는 비참한 한국 전쟁을 겪으면서 그녀는 마을의 소위 좌익 쪽 사람들에게 총살을 당하는 사랑했던 서방의 비참한 모습을 보아야 했고, 까닥 잘못했으면 그녀도 총살형을 당할 뻔 했다.

그렇게 모진 세월을 겪으면서도 그녀의 가슴에 사랑은 다시 꽃피워 원주 이씨 집성촌 – 둔전리에 사는 이연암 이장과 연분이 났다. 세상에 덩그러니 혼자가 된 최소심 예인에게 큰 울타리처럼 믿음직한 남자 – 이연암을 그녀는 세상의 무슨 비난도 감수할 수 있을 만큼 마지막까지 사랑했다.

하여간 이런 파란만장한 최소심 예인의 인생사는 바로 그녀가 부르는 강강술래의 창(唱)에 고스란히 배어 소리가 되어 세상에 널리 퍼졌다.

이런 강강술래 진도 명인 – 최소심 예인의 삶과 예술 이야기를 나는 여기에다 가감 없이 차근차근 기록하려고 한다. 그녀를 직접 보고 함께 산 그녀의 둔전리 제자들이 이제 모두 80세 전후로 연로(年老)해졌다.

그래서 내가 갑자기 마음이 바빠졌다. 저분들이 건강하게 살아 계실 때 빨리 최소심 예인에 대한 이야기를 자세히 듣고 기록해야겠다는 생각이 계속 머릿속을 맴돌았다. 그래야 진도 강강술래의 초기 역사에 대해 제대로 알 수 있는 발판을 마련할 수 있으리라. 이런 사명의식이 이 책을 쓰게 하는 동기를 제공했다.

그것은 강강술래가 과거의 역사가 아니라 미래의 역사라고 확신하기 때문이다. 이는 2012년, 1년 동안 배낭을 메고 샅샅이 뒤진 중국의 민속 축제와 공연 예술을 보며 내가 내린 최종 결론이다. 중국의 민속 축제와 공연 예술은 모두가 전통민속문화예술에 그 기반을 두고 있지만, 미래의 첨단 기술들과 만나 현재와 미래를 아우르는 세계적인 공연 예술로 거듭나고 있다.

나는 이 책에서 강강술래 진도 명인 - 최소심 예인의 삶과 예술 이야기를 들은 그대로 그리고 제대로 기록하여 앞으로 진도 강강술래를 세계화하는데 작은 주춧돌 역할이라도 할 수 있었으면 하는 바람이 크다.

벌써 강강술래가 세계무형유산 걸작이 된지도 10년이 넘었다. 그러나 과연, 강강술래가 세계에서도 알아주는 우리 대한민국의 대표 문화유산이 되었는지는 의문이다. 그래서 나는 작은 마음으로 작은마음이라는 이름을 가진 최소심이라는 강강술래의 진도 예인의 삶과 예술 이야기를 펼쳐 보이려고 한다.

그래서 오리지널리티(originality)가 가지고 있는 예술적 파급력을 다시 이 세상에 펼쳐 보이고 싶다.

　　최소한 강강술래가 1597년 음력 9월 16일, 전후에 진도군 군내면 녹진리 망금산 넓은 터에서 이순신 장군의 뛰어난 전략전술의 한 프로그램으로 시연되었다면 그때 강강술래를 한 여인네들은 그 당시 근방에 마을을 형성하고 살았던 둔전리, 덕병리 등 지금 군내면 일대의 진도군민들이었을 것이다.

　　이런 시각에서 강강술래의 역사를 훑어 본다면 강강술래의 중요무형문화재 예능보유자이었던 최소심 예인은 진짜 강강술래의 오리지널리티(originality)의 산 증인이라고 할 수 있다.

　　그녀는 군내면 덕병리에서 태어나서 녹진리에서 살다가 둔전리에서 세상을 떠났다. 정말 뼈 속까지 군내면 사람이며 어렸을 때부터 아주 오랜 세월 동안 군내면에서 그 오리지널(original) 전통을 이어오던 강강술래를 몸소 익히고 즐겼던 여인네인 것이다.

　　나는 그런 최소심 예인이 인생에서 가장 오랫동안 머물었던 진도군 군내면 둔전리에 산다. 그리고 최소심에게 강강술래를 직접 배우고 익힌 둔전리 할머니들과 일이 있을 때마다 마을회관에서 밥도 먹고, 차도 마시며 담소도 나눈다.

〈2020년 여름, 둔전리 마을회관에서 나와 강강술래 진도 명인〉
- 최소심 예인의 제자들을 만나서 밥도 먹고, 담소도 나누면서 "최소심"이라는 분의 평소 삶에
  대해 조금씩 알아가기 시작했다.

2020년 9월 5일, 나는 강강술래 예능보유자 박용순 예인과 그녀의 스승 "최소심" 예인에 대해 오랜 시간 인터뷰를 진행했다. 참으로 값진 시간이었다. 그리고 역시 "최소심" 예인과 같이 공연을 많이 다녔던 제자 박윤자 예인도 만나 함께 진도군 군내면 연산리의 명소 - 우정농원가든에 가서 식사를 함께 한 후 기념 사진을 한 컷 찍었다. 이 사진은 둔전 마을 출신 칼럼니스트 이철호 선생님 이 찍어 주었다. 어찌되었든 나는 최소심 예인에 대한 이분들의 이야기를 들을 때마다 한 사람의 생 애라는 것이 얼마나 많은 우여곡절이 있어야 끝나는지 새삼 깨닫는다.

오호라! 삶이여! 참으로 달콤하다가도 시큼하고 시큼하

다고도 쓰디쓰고 쓰디쓰다가도 다시 달콤하구나! 에라! 어렵

구나 삶이여! 그래도 아직은 살아 볼 세상이 아니더냐!

그러면서 지속적으로 최소심 예인과 강강술래로 이곳저곳으로 함께 공연 가서 행복해 했던 과거의 이야기를 듣는다.

소중한 인연이다. 이 소중한 인연을 도저히 그냥 넘길 수가 없었다. 늘, 대학원생들에게 라키비움(larchiveum)에 대해 언급하고, 중국 리장에서 본 장예모 감독의 "리장의 추억"이라는 공연을 계속 이야기해 온 나로서는 우리나라의 대표 브랜드로 세계적으로 폭풍 성장할 수 있는 강강술래에 대한 이야기를 하지 않을 수가 없다. 그래서 시작한다. 강강술래로 비롯되는 우리의 미래를…. 강강술래라는 문화원형을 활용한 스토리텔링 마케팅과 문화콘텐츠 산업으로서의 가능성에 대해…. 최소심 예인의 삶과 예술을 통해 작지만, 강력한 어조로 이야기를 시작해 보려고 한다.

나는 작은 실개천이 모여 큰 바다를 이루듯이 작은 마음이 모여 큰 꿈을 실현할 수 있다고 믿는다.

강강술래의 진도 명인 – 최소심 예인의 삶과 예술 이야기가 결국에는 대한민국 강강술래의 대표적인 이야기로 세계 사람들과 소통할 수 있는 기회가 될 수 있을 것이라 확신한다.

최소심, 그녀의 강강술래를 이어받은
진도군 군내면 둔전리 아낙네들이 모이다.

2020년 7월 3일 오후 4시 30분, 오랜 세월 동안 최소심과 함께 뛰놀던 둔전마을의 "해끼똥"이라고 부르는 곳에 형형색색의 한복을 곱게 차려 입은 아낙네들이 삼삼오오 모여들기 시작했다. 둔전마을에는 이제, 젊은 색시들은 두서넛 밖에 없고 거의 80세 안팎의 늙은 아낙네들 뿐이다. 그래도 이들은 강강술래 진도 명인 - 최소심에게 강강술래를 배운 최소심 예인 - 그녀의 진짜 제자들이다. 이들이 옛날 전성기 시대 못지 않은 열정을 가지고 열심히 강강술래를 뛰기 위해 비가 오락가락 함에도 불구하고 모두 예쁘게 한복을 입고 나와 신명 나게 강강술래를 시연했다.

2020년 7월 3일 오후 4시 30분,
둔전마을에서 펼쳐진 강강술래 시연회

특히 둔전마을에서 최소심 예인에게 배운 아낙네들 중에서 수제자라고 손꼽을 수 있는 강강술래 예인은 현재 강강술래 예능보유자 박용순을 비롯하여 전수조교 김국자 그리고 박윤자 등 모두 세 사람이라고 할 수 있다. 이들은 스승 최소심 예인을 모시고 강강술래 공연을 보고 싶어 하는 관객들이 기다리는 곳이라면 어디든지 달려가 여지없이 그 뛰어난 기량을 마음껏 뽐냈다. 고운 한복을 입고 제자들과 나란히 앉아 기념 사진을 찍을 때 최소심 예인의 마음은 어떠했을까. 아마도 이때쯤은 인생의 희로애락(喜怒哀樂)과 생로병사(生老病死)의 이치를 모두 깨닫고 있지는 않았을까. 그 당시 여자로 태어나면 운명처럼 꼼짝없이 집안 일만 해야 했고, 일부종사(一夫從事)를 강요 받던 시절이었다. 그런 어마 무시하게 남녀가 불평등한 삶을 살아야 했던 시절에 최소심이 선택한 삶은 확실히 다른 여인네들과 차이가 있었다. 용기 있는 선택이라고 해야 할까.

〈사진 출처 : 강강술래 예능보유자 박용순 제공〉

그녀는 어릴 때부터 신명과 흥이 많았다. 엄마의 만류에도 그녀는 매일 강강술래를 신명 나게 뛰기 위해 엄마 몰래 마을 친구들과 자주 모였다. 마을 어귀의 커다란 공터에서 그녀는 신나게 빙빙 돌며 춤추고 노래하기를 좋아했다.

강강술래
강강술래

어디갔다/ 우리 마당에 찾아왔네
팔월이라 한가웃날/ 저 달이 떴다 지드록 놀세//

강강술래

달 떠온다 달 떠온다/ 동해 동천서 달 떠온다
저야 달이 뉘 달이랑가/ 바호방네야※方戶房, 즉 방씨 성을 가진 호방
달이라네/ 바호방은 어디를 가고/ 저 달 뜬 줄을 모르는가

〈사진 출처 : 강강술래 예능보유자 박용순 제공〉

지금 태어났으면 아마도 멋진 국악인으로 성장했을 것이다. 그러나 최소심 예인이 살던 시절만해도 집에서 길쌈 배우고, 바느질 하고 음식을 즐겨 해야 참한 여자라고 칭찬받았다. 그러니 최소심 예인의 엄마는 남들이 보면 놀기 좋아하는 딸을 매일 구박할 수밖에는 없었을 것이다. 집에서 곱게 앉아서 차분히 있기 보다는 훨훨 나는 새처럼 이리저리 나다니기를 좋아하는 딸이 사뭇 걱정이 된 모양이다. 최소심 예인의 기억에는 엄마가 긍정적인 인물로 자리 잡고 있질 않다. 그녀는 살아 생전에 엄마 말만 나오면 고개를 가로저으며 되새기듯 말하곤 했다고 한다.

"늘, 엄마는 내가 강강술래 같은 놀이를 즐기러 마을 이쪽 저쪽을 뛰어다니는 것을 못마땅해 하셨지.

〈사진 출처 : 文化公報部·文化財管理局, 『重要無形文化財解說
－놀이와 儀式篇』, 三星文化印刷社, 1985. 12. 발췌 인용〉

　　나만 보면 마냥 혼내는 엄마를 피해 줄행랑을 쳐서 아버지 뒷 꽁무니에 숨으면 아버지는 '허허 그냥 놀게 놔두게.' 하시며 항상 내 편을 드셨지. 그제야 엄마의 역정은 잦아 드시곤 했어. 그때가 좋았지. 마음껏 어리광을 부릴 수 있는 부모님이 계셨으니까."

　　어찌되었든 최소심 예인은 우여곡절 끝에 둔전마을에 둥지를 틀고 죽는 날까지 원주 이씨 - 이연암 어르신을 남편으로 모시고 그의 자식 들을 친자식처럼 여기며 학비도 대고 옷도 사주며 정성을 다해 키워냈

〈사진 출처 : 구술: 최소심 / 편집: 강윤주, 『시방은 안해 강강술래럴 안해』, 뿌리깊은 나무, 1992. 127쪽.〉

※ 1984년, 강강술래 공연을 마치고 찍은 사진으로 검정 양복을 입은 이연암 어르신의 모습도 볼 수 있고, 그 당시 방송 출연을 위해 내려 온 백남봉 씨와 최소심 예인의 모습 도 볼 수 있다.

다. 그래서인지 이들 부부는 죽는 날까지 서로 알뜰히 챙기며 다정하게 여생을 마감했다. 물론, 최소심 예인도 진도 말로 "귄"이 철철 흐르는 매력적인 여인이었지만, 이연암 어르신도 기골이 장대하고 얼굴도 잘 생긴 미남형이다. 그는 군내면 면서기 출신으로 글씨도 잘 썼으며 악기도 잘 다루는 멋쟁이 신사이었다. 아마도 최소심 예인은 지식인을 좋아했던 것 같다.

둔전 마을에 본 부인이 있었으나 늦게 만난 두 사람 사이가 각별하자 본 부인은 큰아들을 따라서 아예 서울로 이사를 간다. 그래서 최소심 예인은 여기 진도에 남은 아이들을 자기 자식처럼 돌보며 온갖 뒷바라지를 해 주었다. 이런 상황을 지금의 시각으로 보면 부정적으로 볼 수도 있겠지만, 그 당시로 돌아가 생각하면 이해가 안가는 것도 아니다. 20세기 초에 태어난 최소심 예인이 살았던 때는 조선시대 말기를 갓 헤

〈사진 출처 : 구술: 최소심 / 편집: 강윤주, 『시방은 안해 강강술래럴 안해』, 뿌리깊은 나무, 1992. 99쪽. (최소심 사진)〉

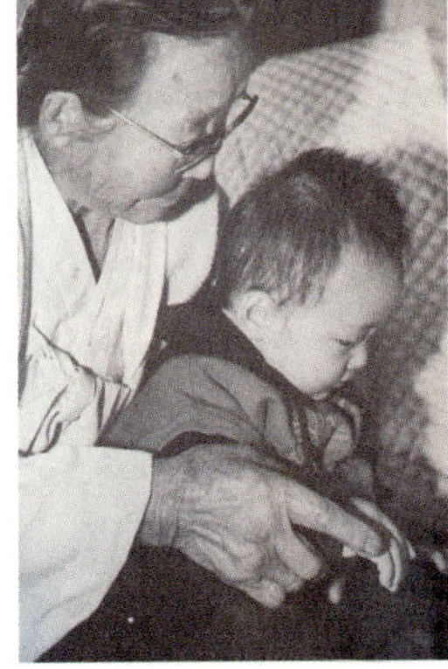

〈사진 출처 : 구술: 최소심
편집: 강윤주, 『시방은 안해
강강술래럴 안해』, 뿌리깊은
나무, 1992. 51~132쪽. 발
췌 인용〉

최소심 예인은 큰아들 전통혼례 사진부터 서울 가서 함께 찍은 자식들 사진, 진도에서 다방 하는
손자 사진 그리고 자신이 국민학교 2학년 때까지 데리고 있었던 둘째 아들 큰딸의 생일 기념 사
진과 그녀의 손자와 함께 찍은 사진, 재봉일 하는 둘째 아들과 함께 찍은 사진 등 이연암 씨 가족
들과 관련된 사진들은 모두 소중히 간직하고 있었다.

처 나온 아직은 남존여비(男尊女卑)와 처첩제도(妻妾制度)가 살아 남아 있을 때였다. 그래서 남성이 첩을 두는 일에 관대했으며 처첩 지간에도 질투를 하기 보다는 서로 형님, 동생 하며 평화로운 관계를 유지하는 경우가 많았다. 최소심 예인의 경우도 비록 본처가 큰아들을 따라 서울로 이사를 가긴 했지만, 사이가 아주 나쁜 관계는 아니었다. 집안의 대소사에 서로 연락하며 같이 집안일을 챙기는 관계 정도는 유지했기에 서방님 환갑도 같이 참여했을 정도였다.

〈사진 : 강강술래 예능보유자 故 최소심과 박용순〉

얼마나 사람이 좋으면 친엄마도 친할머니도 친증조할머니도 아닌데 이토록 다정한 관계를 유지할 수 있을까. 요즘처럼 자기 중심적인 사고로 다른 이들의 삶을 존중하지 않는 사회적 풍조에서는 도저히 이해가 가지 않는 관계이다. 어찌되었든 그만큼 최소심 예인이 이연암 씨 가족들에게 정말 친엄마, 친할머니, 친증조할머니 못지않게 진정으로 잘해 주었다는 것을 알 수 있다. 물론, 그녀는 가족들에게만 잘한 것이 아니다. 둔전 마을 제자들에게도 각별히 신경을 썼는데 그 중에서도 현재 강강술래 예능보유자 박용순 씨에게는 특별히 다정했다. 물론, 인심 좋고, 마음씨 고운 박용순 씨가 최소심 예인을 많이 챙기기도 했지만, 최소심 예인도 박용순 씨와 함께라면 어디든 신이 나서 동행했다. 멋쟁이 최소심 예인은 어느 야외 나들이에서 박용순 씨와 함께 "찰칵" 기념 사진을 찍었다. 박용순 씨는 그날 스승과 함께 간 "소풍"을 잊을 수가 없다고 한다. 인생이 이리 허망한 것을 알았다면 더 잘해 드릴 걸 그랬다고 회한에 섞인 말도 읊조린다. 어차피 누구나 강강술래처럼 빙빙 돌다가 멈추는 것을 그녀는 벌써 깨달았을까.

최소심 예인은 어려서부터 강강술래를 배워 일생 동안 많은 사람들에게 자신이 배우고 익힌 강강술래를 가르치는데 전념했다. 그녀는 나이가 들면서 조급증이 나서 둔전마을 아낙네들만 보면 "나 죽기 전에 배워야 쓸 건데" 하고 안타까운 마음을 감추지 않았다고 한다. 그래서 둔전마을 아낙네들은 바쁜 농사일, 집안일 등을 후다닥 해치우고는 시간이 날 때마다 강강술래를 익히는데 집중했다고 한다. 그래서 한때는 둔전마을 최소심 예인의 강강술래팀이 전국적으로 공연 다니느라 스케줄이 매우 바빴다고 이구동성으로 이야기한다.

그런 한창 전성기를 구가하던 둔전마을 최소심 예인의 강강술래팀은 최소심 예인이 돌아가시자 그 뒤를 이어 예능보유자 박용순과 명예보유자 김국자(*안타깝게 김국자 명예보유자는 현재 진도요양병원에 계셔서 2020년 7월 3일에 강강술래 시연회에는 나오지 못함 : 김미경 주) 등을 비롯하여 박윤자, 박춘자, 박연심, 채앵심, 김옥이, 곽순지, 박순자(1), 박길심, 주광심, 박매심, 김화심, 박순자(2), 박송자, 박정순, 조인심, 조연심, 김길자, 정일순, 이은미 등 둔전마을 아낙네들로 이어져 지금까지 겨우 명맥을

유지하고 있다.

　지금은 최소심 예인의 제자 박용순 예능보유자에게 배운 정일순, 이은미 등 젊은 색시들이 있긴 하지만, 이들을 빼놓고는 모두 80세 전후로 연로하셨기 때문에 눈물겹게도 2020년 7월 3일, 강강술래 시연회가 아마도 최소심 예인에게 직접 배운 제자 분들의 마지막 공연이 아닐까 하는 생각이 든다. 그래서 그분들의 얼굴들을 한 장 한 장 사진으로 남기는 작업을 실시했다. 비록 세월은 흘러 허리는 굽고, 얼굴에는 주름살이 굳건히 그 자리를 잡았지만, 청춘 시절에 신명 나게 뛰던 강강술래 공연만큼은 아직도 몸이 생생히 기억하나 보다.

　　너무나도 신나게 강강술래를 기꺼이 즐기는 그녀들을 보며 괜히 가슴이 뭉클해짐을 느낀다. 제발, 이들에게 "강강술래 ~ 욱신욱신 뛰어나 보세"라는 저 강강술래의 가사처럼 언제나 건강이 허락되기를 바랄 뿐이다.

　　어느 인생이든 사연 없는 인생이야 있겠냐 만은 최소심 예인의 인생사를 잠깐 훑어만 봐도 심상치 않은 세월을 감지할 수 있다. 그런 그녀를 만났던 그녀의 제자들을 소개한다.

박용순 예능보유자	박윤자	박춘자	박연심
채앵심	김옥이	곽순지	박순자(1)
박길심	주광심	박매심	김화심

박순자(2)	박송자	박정순	조인심
조연심	김길자	정일순	이은미

**최소심, 그녀가 사랑했던 연인은
평생 한 남자가 아니라 평생 두 남자였다.**

1907년 칠월 칠석날, 아버지 최봉윤과 어머니 허큰년 사이의 둘째 딸로 태어난 최소심 예인은 공식적으로는 1908년 7월 6일에 태어난 것으로 되어 있다. 어찌되었든 그녀가 직접 밝힌 출생연도는 1907년이며 진도군 군내면 덕병리에서 칠월 칠석날에 태어났다. 계산해 보니 1907년 칠월 칠석은 양력으로는 8월 15일이다. 그러니까 정확히 최소심 예인의 출생년도는 1907년 음력 7월 7일, 양력 8월 15일인 것이다. 이것이 문제였다. 그녀가 하필이면 견우와 직녀가 1년에 한 번 오작교에서 만난다는 칠월 칠석에 태어난 것이 큰 낭패였다. 최소심 예인의 아버지와 어머니는 늘, 여자가 음양의 기운이 연결된 칠월 칠석에 태어난 것이 큰 걱정이었다. 사실 견우와 직녀 이야기는 우리가 다 알듯이 남녀가 너무 "사랑 놀음"에 빠져 하늘이 벌을 내려 칠월 칠석, 오로지 1년에 하루 밖에 만나지 못하도록 한 날이다. 즉, 하늘의 목동인 견우와 옥황상제의 손녀인 직녀가 혼인 후 직분은 잊고 놀기만 해서 하늘이 둘을 갈라놓은 것이다. 그리워하는 둘을 위해서 까마귀와 까치가 오작교를 놓아서 만날 수 있게 허락된 날이 음력 7월 7일이다. 당일에는 만남을 기뻐하는 눈물, 다음 날에는 이별을 슬퍼하는 눈물이 비로 내린다고 전해지고 있다. 그러니까 칠월 칠석은 하늘의 문이 열리는 날인 것이다. 견우와 직녀가 만난다는 이야기는 "하늘의 문이 열리고 음양의 기운이 연결된다"라는 의미이다. 이런 날은 보통 여자가 태어나는 날은 아니라고 최소심 예인의 부모는 굳게 믿었다.

그래서 그녀의 어머니는 최소심 예인이 밖에 나가 노는 것을 심하게 경계했다. 그러나 최소심 예인의 성격은 밝고 쾌활했으며 밖에 나가 노는 것을 좋아했다. 1922년, 그녀가 16살 되던 해에 어릴 적부터 친할머니 이보배 여사로부터 배운 강강술래를 공식적으로 덕병마을 처녀들과 신나게 뛰놀기 시작했다. 이때부터 어머니는 매일 노심초사(勞心焦思)하며 둘째 딸 최소심 예인을 밖에 나가 놀지 못하도록 막는 일을 부지런히 했다. 그러나 소용없었다.

노래도 잘 하고, 춤도 잘 추는 최소심 예인을 막을 도리가 없었다. 가끔 아버지가 방패 역할을 해주었으므로 수시로 밖에 나가서 최소심 예인은 자신의 흥과 끼를 한껏 방출하였다.

고심 끝에 어머니는 1924년, 최소심 예인이 18세 되던 해에 바다 건너 해남 우수영의 정씨와 혼인을 시킨다. 참으로 최소심 예인에게는 암담한 일이었다. "사랑"도 하지 않는 남자에게 억지로 시집을 간다는 것은 무척 불행한 일이다. 특히 예술 "끼"를 타고난 최소심 예인 같은 사람에게는 너무나도 불행한 일이었다. 적어도 띠 동갑이나 차이가 나는 정씨와 결혼한 최소심 예인은 억지로 스무 살에 딸을 출산했으나 낳자마자 바로 아기가 죽는 불행을 겪는다. 그후 아이는 낳지 않고 평생 남의 아이들 뒷바라지를 한다.

하여간 "사랑" 없는 결혼이란 그 최후가 뻔한 일이다. 최소심 예인이

스물 아홉 살 되던 1935년, 드디어 "사랑" 없이 이름만 부부로 살았던 정 씨와의 결혼 생활을 과감하게 청산한다.

그리고 멋쟁이 남자와 드디어 "사랑"에 빠진다. 아무 것도 보이지 않았다. 남들의 수군거림이나 손가락질도 최소심 예인에게는 한갓 지나가는 바람에 불과했다. 오직 "박종남"이라는 그 한 사람만 있으면 세상이 온통 눈부시게 아름답고 찬란했다.

생전 처음 "사랑"이라는 감정이 솟아 올랐다. 저기 멀리서부터 멋진 말을 타고 오는 "박종남"을 보면 가슴이 두근거렸다. 이게 정말 남자를 "사랑"하는 것이라는 것을 그때 비로소 알았다. 그래서 이미 본 부인과 첩을 둔 "박종남"이라는 남자를 주저 없이 받아들였다. 이 사람을 놓치면 이 세상을 살아갈 의미가 하나도 없을 듯이 미치도록 그이가 다만, 좋다. 그래서 용기를 냈다.

"박종남"은 부와 명예를 모두 갖춘 능력 있는 남자였다. 키는 훤칠하게 크고, 안경 쓴 얼굴은 지적이었으며 넥타이를 맨 양복 입은 모습은 그 시절에 어느 누구도 범접하기 어려운 탁월한 세련미를 갖추고 있었다.

물론, 맨 처음에는 최소심 예인도 여러 부인과 함께 살 수 있을까 주저하지 않은 것은 아니었다. 그러나 최소심 예인의 연인 "박종남"은 따로 "술도가"를 마련해주고 뒤를 봐 준다면서 다른 부인들과 딱 "선"을 그어 주었다. 그 당시 "박종남"은 군내면 사무소를 다니는 공무원으로 권력이 막강했다. 최소심 예인은 처음부터 마음에 차지도 않았던 못나고 가난하며 능력이 없었던 정씨와의 부부 생활을 청산한 터라 더 이상 주저할 필요가 없었다.

최소심 예인은 드디어 녹진마을로 나와 "술도가"를 열었다. 그녀의 연인 "박종남"은 둔전마을에 큰 각시와 작은 각시를 두고서도 매일 녹진마을에 있는 "술도가"에 출근하다시피 했다. 사실, 최소심 예인은 두 각시와도 각별히 친하게 지낼 정도로 성격이 원만했다. 녹진마을의 최소심 예인의 "술도가"는 매일 뱃사람들로 북적거렸다.

이때 최소심 예인의 인기는 하늘을 찔렀다. 소리 한 자락 하면 완도에서 온 선주들이 뒤에 배를 준비해 놓을 테니 완도로 함께 도망가자고 무수히 제안했을 정도로 최소심 예인의 노랫소리는 매력적이었으며 사람들의 마음을 사로잡았다. 물론, 어릴 때부터 갈고 닦은 강강술래의 창(唱)은 빼어난 솜씨로 이미 근방에서는 명성이 자자했다. 어느 날, 연인 "박종남"은 소리가 끝내준다고 수수하게 생긴 여인네를 하나 데리고 왔다. 그녀는 1966년에 강강술래 최초 예능보유자가 된 "양홍도(楊紅桃)"라는 여인네였다. 그녀는 사람이 매우 좋았으며 강강술래뿐 아니라 진도아리랑도 매우 잘 불렀다.

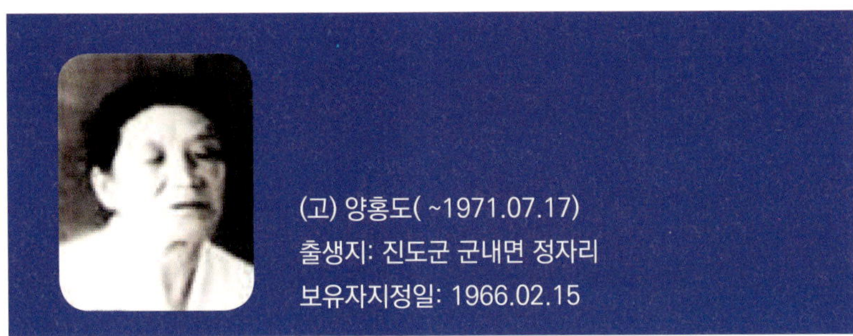

〈사진 출처 : https://blog.naver.com/jcia (전남문화산업진흥원)〉

　　"박종남"은 부와 명예만 있었던 것이 아니라 사람들을 설득하는 수단도 매우 좋았다. 그런 능력 있는 그는 셋째 부인인 최소심 예인이 열심히 "술도가"를 할 때 군내면을 총괄하는 군내면장(1947년 9월 11일 ~1949년 9월 22일 : 진도군지편찬위원회, 『珍島郡誌(上)』, 2007. 743쪽. : "군내면의 역대 면장" 참조)이 되었다. 그러면서 삶의 자신감은 나날이 늘어갔다. 주위의 모든 사람들이 "박 면장님!", "박 면장님!" 하며 우러러 받드니 늘, 신나서 예쁜 연인이 있는 녹진마을 "술도가"를 찾아왔다. 사실, 박종남 면장님은 이 시절에 부러울 것이 없이 모든 것을 누렸다고 해도 과언이 아니다. 본 부인이 있었던 둔전 마을에서도 가장 큰 기와집에서 떵떵거리며 살았고, 녹진 마을에도 예쁜 색시가 늘, 기다리고 있으니 얼마나 좋았겠는가.

〈박종남 면장님이 살았던 둔전 마을에 있는 기와집 모습.
지금은 비록 낡았지만, 그 당시에는 최고로 멋진 집이었다고 함.〉

그래서인지 그는 모든 면에서 정열이 넘쳤다. 어느 날, 최소심 예인에게 기방 출신의 "양홍도"를 "술도가"로 데리고 와서 함께 생활할 것을 권유했다.

최소심 예인은 이때 기가 찰 만도 했건 만은 "양홍도"라는 여자를 운명적으로 받아 들인다. 그러면서 한 남자를 둘이 사랑하는 상황을 그저 묵묵히 받아 들인다.

어쩌겠는가. 이것이 운명인 것을. 아마도 이때 "양홍도" 예인을 만난 것이 결국 "양홍도" 예인이 먼저 이 세상을 떠나자 예능보유자를 이어받는 인연으로 이어졌으리라.

"양홍도" 예인은 1971년 작고할 당시 그녀의 죽음에 대해 "가난과 病魔에 시달리다 간 人間文化財", "날품팔이하는 人間文化財"로 신문에 대서 특필될 정도로 힘들게 살다 간 것으로 보인다.

신문에 난 기사를 근거로 그녀에 대해 약간 언급하자면 "양홍도" 예인은 "독특한 창법과 청아한 목소리를 가진 분으로 진도군 군내면 정자리"에 허술한 초가 2칸의 돌담집에서 생을 마감했다.

그녀의 인생은 매우 고난스러웠는데 그래서인지 자료마다 출생연도는 물론 출생지와 이름의 한자가 다른 경우가 많다.

추측컨대 1900년, 진도군 지산면 인지리에서 출생하고 1971년, 진도군 군내면 정자리에서 사망한 것으로 보인다.

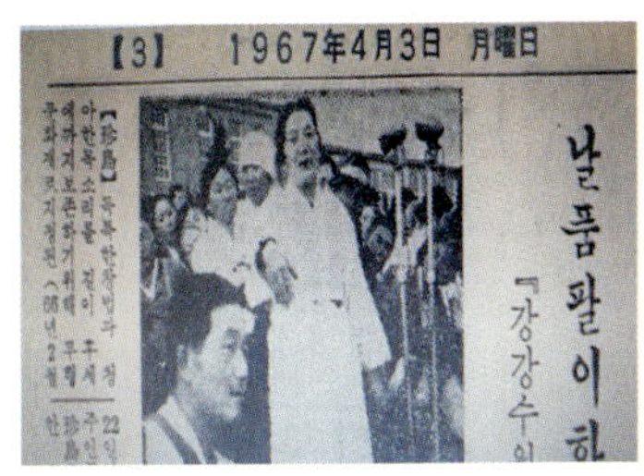

〈양홍도 영상 보기 주소 : https://youtu.be/4WJhdBS0WhY〉

　　기방에 있었다는 것은 일반 술을 따르는 기생 역할을 한 것이 아니라 "권번"에서 활동한 것으로 보인다. 왜냐하면 그녀가 "권번"에서 창을 배운 이력이 있기 때문이다.

　　그리고 두 번의 결혼 실패와 자식마저 두지 못하는 등 기구한 삶을 산 것으로 보인다. 비록 인간문화재로 지정 받았지만 날품팔이로 연명해야 하는 궁핍함을 벗어나지 못하였고, 가난과 병마를 이기지 못한 채 1971년에 생을 마쳤으며 뒤를 이을 제자 또한 남기지 못한 것으로 보여진다.

　　하지만 그녀의 예술적인 혼이 담긴 그녀의 소리는 다행스럽게도 남아있다. 인간문화재로 지정 받은 이듬해인 1967년에 육성을 남겼기 때문이다.

　　1968년부터는 병마로 거동조차 할 수 없을 지경에 이르러 노래를 부를 수 없었다. 참으로 안타까운 예인의 일생이다.

그러고 보니 1976년, 진도에서 두 번째 강강술래 예능보유자로 지정된 최소심 예인이 1966년, 최초로 강강술래 예능보유자로 지정된 양홍도 예인보다는 삶의 무게가 덜 무거워 보인다.

적어도 마지막 만난 이연암 씨랑 끝까지 다정하게 살았고, 이연암 씨 자식들이 마치 자신을 낳은 친어머니를 대하듯 최소심 예인을 대우했으니 말이다.

자식이 하나도 없어 질녀에게 강강술래를 전수시키고자 노력했으나 끝내 실패한 양홍도 예인에 비하면 둔전마을의 거의 모든 아낙네들을 제자로 두고 그 중에 예능보유자(명예보유자 김국자 예인 포함)를 둘 씩이나 배출한 최소심 예인의 삶이 조금 더 여유로워 보인다.

아마도 이것은 순간의 선택이 평생을 좌우하는 운명 같은 것은 아닐까. 최소심 예인은 "이연암"이라는 남자를 마지막 사랑으로 선택하여 오붓하게 인생을 마무리 지을 수 있었다. 그러나 함께 한 남자를 사랑했던 "박종남"이라는 남자는 부와 명예를 가지고 있긴 했으나 1950년, 이데올로기 싸움에서 희생 당하는 비극적인 운명의 사나이였다.

그 후 양홍도 예인은 변변한 사랑을 만나지 못해 고독하게 군내면 정자리 초라한 초가집에서 외롭게 살다가 죽어야만 했지만, 최소심 예인은 "이연암"이라는 남자의 울타리와 인심 좋은 둔전마을 사람들과 끝까지 친절하게 잘 살다가 생을 마감했다. 그것도 박용순 예인이 주장해서 세운 공로비까지 남기면서 말이다. 참, 인생이란 묘하고 묘한 것이다.

강강술래 진도 명인 최소심이 펼친
강강술래 이야기

　　최소심, 그녀는 진정한 강강술래의 계승자로 어렸을 때부터 할머니가 몸소 보여 준 그대로를 배우고 익힌 세대를 아우르는 강강술래의 진짜 명인이다. 그저 춤과 음악이 마냥 좋은 그녀였다.

〈사진 출처 : 구술: 최소심 / 편집: 강윤주, 『시방은 안해 강강술래럴 안해』, 뿌리깊은 나무, 1992. 49쪽. 발췌 인용〉 최소심이 소유한 사진으로 50대에 한창 걸립을 치러 다닐 때의 사진이라고 설명하고 있다. 이 사진 한 장으로 최소심의 예인으로서의 기질이 다 느껴질 정도이다.

　　최소심, 그녀는 예뻤다. 심지어 아주 어린 나이에 그녀를 본 사람들도 지금까지 이구동성으로 그녀의 미모에 대해 극구 칭찬을 아끼지 않는다. 친구들 가운데도 혼자 장구를 들고 소위 폼을 잡고 앉아 있는 그녀는 예쁘다. 늙었어도 예쁘다.

〈사진 출처 : 구술: 최소심 / 편집: 강윤주, 『시방은 안해 강강술래럴 안해』, 뿌리깊은 나무, 1992. 89쪽. 발췌 인용〉
최소심이 소유한 사진으로 덕병리 고향 친구들과 함께 찍은 사진이라고 설명하고 있다. 어렸을 때 강강술래를 함께 했던 친구들이지만 이제는 이 세상 사람이 아닌 친구들도 있다고 한다.

최소심, 그녀의 인생에서 가장 절정기는 강강술래 예능보유자로 최초로 지정된 양홍도도 만나고, "면장님"으로 기세 등등하게 말 타고 진도를 누비고 다닌 멋진 서방님도 모셨던 녹진 시절이 아닌가 짐작해 본다. 그 당시 나이도 서른 전후로 여자의 일생에서 가장 활발히 활동할 시기였다. 이때 최소심의 예인적 기질도 최고조에 달해 많은 팬들을 확보하고 있었던 것으로 보여진다.

이 점에 대해서는 박용순 제자의 증언이 뒷받침해 주고 있다. 그녀는 스승 최소심 예인이 글을 몰라 수많은 손님들이 외상을 하고 가면 자기만의 표시 방법을 동원해 모든 외상값을 다 받았다고 말하곤 했다는 것이다. 최소심 예인은 "최부자집"이라고 불리 울 정도로 덕병 마을에서는 부유한 편이었으나 "여자"를 가르치면 "팔자"만 세진다는 그 당시의 통념 때문에 일부러 글을 가르치지 않은 가정 환경에서 자라 안타깝게도 글을 읽고 쓸 줄을 몰랐다.

그러나 세상 사는 지혜도 있고, 기억력도 좋아 그녀는 녹진 마을에서 "술도가"를 할 때에 돈도 많이 벌고 예술가로서의 "끼"도 한껏 부렸다.

완도에서든 목포에서든 해남에서든 최소심 - 그녀의 예술적인 "끼"를 보기 위해 배를 가진 선주들은 거침없이 바다를 건너 진도 녹진의 예술가의 집을 빈번히 드나들었다.

최소심 - 예술가의 집은 목숨을 걸고 거친 파도와 싸우며 생계를 잇고 사는 바닷가 사람들에게 큰 위안처가 되어 주는 곳이었다.

흥청거리는 노래가 있고, 맛깔 나는 솜씨로 빚어 낸 술이 있고, 따뜻한 사람들의 인생 이야기가 있으니 누군들 그 집에 찾아오고 싶지 않으랴.

최소심은 다정한 성격을 소유하고 있어 누구와도 친하게 지낼 수 있었다. 그 사람이 혹시 같은 남자를 사랑하는 사람이든 자신을 욕하는 사람이든 최소심 예인은 그저 따뜻한 마음으로 감싸주려고 노력했다. 그래서일까. 최소심 예인의 곁에는 언제나 많은 사람들이 들끓었다.

모든 것을 팔자 소관이라 여긴 것일까. 그녀는 양홍도를 데려 온 서방님을 원망하지 않았다. 양홍도는 기방에서 노래를 불렀던 재주 많은 예인이었다.

그래서 최소심 예인은 양홍도 예인을 녹진 - 자신의 "술도가"에서 함께 일하게 했다. 누가 뭐라 해도 개의치 않았다. 사연 많은 인생은 그녀나 자신이나 다를 바 없다고 생각하니 이해 못할 바도 아니었다. 양홍도 예인은 "진도아리랑"을 기가 막히게 불렀다.

아깝다 내청춘 ~~~
어제보니 젊더니
오날은 하고보니
백발이로구나!!!

아리 아리랑 스리 스리랑
아라리가 났네~에.

아리랑 음~음~음~
아라리가 났네.

소위 인간문화재(지금은 예능보유자로 그 명칭이 바뀜)로 지정받은 1966년의 이듬해인 1967년에 육성으로 남긴 양홍도 예인의 "진도아리랑" 가사이다. 이때 양홍도 예인은 "아까운 청춘"에 대한 회한을 가슴 깊이 느끼듯 꾸미지 않은 순수한 목청으로 "아깝다 내 청춘"을 절절하게 외친다.

48

　양홍도 진도 강강술래 예능보유자는 "진도아리랑"을 육성으로 남겼으나 "강강술래"에 대한 흔적은 많지 않다. 1966년에 예능보유자로 지정된 양홍도 예인은 그래도 "강강술래"가 진도에서 연행되는 중요한 전통문화예술이라는 것에 대해 명맥을 잇는 대단한 역할을 해 낸 사람이다.

〈양홍도 영상 보기 주소 : https://youtu.be/4WJhdBS0WhY〉
여기 영상의 자막에는 양홍도 예능보유자를 "무형문화재 제9호"로 소개하고 있는데 이는 잘못된 표기로 보인다. "강강술래"는 국가지정 중요무형문화재 제8호로 1966년 2월 15일에 지정되었다.

　어찌되었든 강강술래의 최초 예능보유자 양홍도는 "강강술래"가 대한민국의 대표 예능으로 길이 보존되는데 기여한 인물로 우리가 기억해야 한다. 그녀가 비록 가난해서 날품팔이로 연명해야 하는 우여곡절을 겪었지만, 하여간 그녀는 진도 "강강술래"에서 최초로 뛰어난 예능인으로 선정된 사람이다.

이런 양홍도 예인과 최소심 예인은 적어도 1935년에서 1949년 사이에 얼마간은 박종남 면장이라는 남자와의 인연으로 서로 "녹진"이라는 곳의 "술도가"에서 술과 노래와 춤을 찾아 동서 각지에서 이들을 찾아온 손님들을 맞이하여 흥겹고 애절한 감정을 최고조로 표현할 줄 아는 두 예인들은 그들이 가지고 있는 예술인으로서의 "끼"를 한껏 발산한다. 이때는 두 분 모두 나중에 "강강술래" 예능보유자로 앞서거니 뒤서거니 할 줄은 꿈에도 몰랐을 것이다. 얼마나 운명의 장난인가.

인생이란 늘, 예측하기 어려운 무수한 순간들로 점철되는 것이라고는 하지만, 이들의 운명도 일상에서 웬만한 여성의 삶 속에서는 쉽사리 찾아볼 수 있는 유별난 삶의 궤적이다.

아마도 예술적인 "끼"가 이들을 평범한 여성으로 살게 하지 못했으리라. 가만히 앉아 있어도 어깨가 들썩이는 흥을 어찌 감출 수 있으랴.

이미 "진도"라는 땅에서 태어나 어렸을 적부터 "강강술래"와 "진도아리랑"에 익숙한 이들에게 어쩌면 노래와 춤은 그냥 일상이었으리라.

그래서 최소심 예인 – 그녀의 인생에서 가장 절정기는 "녹진" 시대라고 보여진다. "녹진"은 "강강술래"의 시원의 하나로 언급되고 있는 "강강술래터"인 "망금산"과 가까이 있는 지역이다. 이곳은 이순신 장군이 일본 수군들에게 맞서 싸운 "명량대첩지"이기도 하다.

여기서 우리가 "강강술래"를 좀 더 자세히 알아보기 위해 "강강술래”의 유래와 “강강술래”와 “명량대첩”과의 관계 그리고 강강술래의 내용과 지정 경위 등을 살펴 보고자 한다.

이는 2006년, 내가 진도군 학예연구사로 근무할 때 순천향대학교 이순신연구소에서 발행되는『이순신연구논총(통권 제6호, 2006년 봄/여름, pp.363-406)』에 게재한 연구논문「명량대첩(鳴梁大捷)과 진도(珍島)-명량대첩의 중심지는 벽파진이었다-」중 일부 내용을 발췌한 것이다.

그 당시 “명량대첩 승전 현창사업”에 대해 나는 큰 꿈을 가지고 계획을 세워 기획안을 만들었다. 그 가운데 얻게 된 여러 지식들을 정리하여 논문으로 완성한 것이 다음의 내용이다.

명량대첩의 대승리를 위한 진도군민들의 활약상

1) 강강술래와 진도

강강술래는 마을의 처녀들과 아낙들이 손에 손을 맞잡고 커다란 원을 그리며 노래에 맞춰 마음껏 뛰면서 노는 여성의 대표적인 민속놀이이다. 조선시대는 삼종지도(三從之道)와 칠거지악(七去之惡) 등을 강조하면서 우리 여인네들에게 속박과 굴종을 강요하여 왔다. 그런 유교적 전통을 엄격히 지켜오는 시대에도 다소나마 여성들의 숨통을 트이게 해주는 제도가 필요했던 모양이다. 지금은 진도와 해남지역을 중심으로 남아있는 "강강술래"도 그런 여성에게 해방의 시간으로 필요했던 놀이문화의 일종으로 여겨진다. 주로 정월 대보름이나 추석 명절에 행해지던 "강강술래"는 평소 길쌈을 비롯해서 안팎으로 노동으로 시달리며 시집살이까지 감내해 내야만 했던 우리 여인네들의 한(恨)을 풀어주는 해방 공간(解放 空間)이었을 것으로 추측된다. 영남지방에서 봄이 오면 행해지던 "화전(花煎)놀이"처럼 "강강술래"는 전라남도 남해안 일대와 도서지방에서 해마다 실시된 여성을 위한 흥겨운 놀이 마당이었을 것이다.

달은 예전부터 풍요의 상징이며 남녀의 애정표현의 한 형태로 상징화되어 왔다. 이런 달 밝은 밤에 여성들은 오랜만에 맛보는 자유를 한껏 향유했을 것으로 보여 진다.

① 강강술래의 유래

강강술래가 어느 때 어떻게 시작되었는지는 說이 분분하다. 다만, 꽤 오래 전부터 우리 곁에서 우리를 웃게 하고 울게 했던 우리 고유의 민속놀이임은 분명하다. 가락에 맞추어 땅을 밟으며 춤을 추는 형태는 원시종교에서도 그 유래를 짐작해 볼 수는 있다.

진수·삼국지(陳壽·三國誌), 동이전(東夷傳) 마한조(馬韓條)에 보면,

「…5월에 씨를 다 뿌리고, 귀신을 祭한다. 떼를 지어 한데 모여 노래하고, 춤추며 술을 마신다. 밤낮 쉬지를 않고, 수십 명이 함께 춤을 추는

데 다같이 함께 일어나 서로 따르며 가락에 맞추어 손발을 맞추며 몸을 낮췄다 높였다 하면서 땅을 밟는다. 이와 같이 탁무(鐸舞)와 같은 춤을 10월 농사를 끝낸 후에 다시 춘다.」

라고 적혀 있다. 이는 벌써 원시 공동체 사회에서도 손발을 맞추며 춤을 추는 "강강술래"와 비슷한 형태의 춤이 있었다는 것인데 이것이 지금의 "강강술래"로 정착되었는지 그 근원은 알 수 없다.

② 강강술래와 명량대첩

강강술래가 명량대첩 때 충무공 이순신 장군의 전술(戰術)로 이용했다며 다음과 같은 몇몇의 이야기가 전하고 있다.

- 왜적과 맞서기 어렵게 되자 충무공이 아낙네를 모아 군복을 입히고, 수십 명씩 무리를 지어 산봉우리를 돌게 하여 멀리 떨어져 있는 왜적에게 마치 수만의 대군이 산봉우리를 내려오는 것처럼 보이게 하였고, 산봉우리를 돌면서 서로 손을 맞잡고 노래를 부르며 춤을 추었던 것이 바로 강강술래의 시작이라는 설.

- 갯마을에서 아낙네들이 노래부르며 춤을 추면서 왜적의 눈을 속인 의병술로 쓰였던 것이 그 후 놀이화되어 오늘의 강강술래가 되었다는 설.

- 병력이 모자란 충무공 이순신이 왜적의 눈을 속이기 위해 진도 둔절리(지금의 둔전리로 사료됨) 곡창(穀倉)을 의장(擬裝)하여 군량

이 많음을 과시하는 한편, 아낙네들을 동원하여 각기 색옷을 입혀 산 둘레를 돌게 하였다. 이와 같은 의장된 군사 행렬이 강강술래의 기원이라는 설.

- 명량대첩 때 남자는 모두 전쟁에 동원되어 마을에 아낙네들만 남게 되니 아낙네들에게 남자의 옷을 입히고, 진도의 망금산에 올려 보내 강강술래를 시켰다는 설.

위의 이야기들은 명량대첩 때 충무공 이순신 장군이 의병술로 강강술래를 사용했다는 근거로 많이 인용되고 있다. 현재 진도·해남 지방 사람들은 명량대첩에서 승리한 충무공 이순신 장군의 전술(戰術)을 깊이 존경하여 강강술래에 대한 많은 이야기가 전해지고 있다. 강강술래가 더욱 높이 평가받고 있는 것은 바로 명량대첩 때 왜적을 무찌르는 한 수단으로 충무공 이순신 장군이 사용한 것이기 때문이다. 강강술래는 이순신 장군의 뛰어난 지략(智略)의 성공으로 전쟁을 승리로 이끌게 한 주인공인 셈이다.

이 논거에서 진도 망금산을 주목하는 이유는 바로 해남에서 주장하고 있는 옥매산정은 적군이 공격해 올 때 잘 보이지 않는 위치에 있기 때문에 진도 망금산 강강술래터가 보다 설득력을 얻고 있다는 사실이다.

③ 강강술래의 내용

강강술래는 순수한 우리말로 〈강강〉은 전라도 지방의 방언(方言)으

〈사진 출처 : 文化公報部·文化財管理局, 『重要無形文化財解說-놀이와 儀式篇』, 三星文化印刷社, 1985. 12. 발췌 인용〉
이 책에는 우리나라의 다양한 중요문화재들에 대한 자세한 해설을 해 놓았는데 위 사진을 실어 놓고 "강강술래(덕석말이)"라고 붙여 놓았다. 이 책의 맨 처음에 순서가 "강강술래"이다.

로 원(圓)을 뜻하는 〈감감〉의 후음(厚音)이라고 전해지기도 하고, 술래는 수레(車)·순유(巡遊)·순라(巡邏)에서 나왔다는 說이 있다. "강강술래" 하면 단순히 반복해서 둥글게 도는 것으로 생각하기 쉬우나 실제로 다양한 종류의 놀이를 포함하고 있다.

먼저, 그 노래의 빠르기로 '늦은 강강술래', '중 강강술래', '잦은 강강술래'로 구분한다. 〈늦은 강강술래〉가 정중동(靜中動)이라면 〈중 강강술래〉와 〈잦은 강강술래〉는 동중동(動中動)이라 할 수 있다. 〈잦은 강강술래〉를 하다가 지치면 중중모리 가락의 '남생아 놀아라'로 분위기를 바꾼다. 놀이꾼 중에서 춤을 잘 추고, 남을 잘 웃기는 사람이 원 속으로 뛰어들어 〈절래 절래 잘 논다〉를 부르면서 곱사춤, 궁둥이춤 등 갖가지 춤을 추며 다른 사람들에게 웃음을 자아내게 한다. 흥과 웃음 속에서 '남생아 놀아라'를 부르다가 설소리꾼이 〈고사리 대사리 껑짜 나무 대사리 껑짜〉라는 '고사리 꺽자'의 순서로 자연스럽게 넘어간다.

그 다음에는 '청어(鯖魚) 엮자', '청어(鯖魚) 풀기', '지와밟기'의 순(順)으로 진행된다.

〈지와〉는 〈기와(瓦)〉의 전라도 방언인데 이 순서는 기와를 밟는 형상을 본 따서 재미있는 놀이로 만든 것이다. '지와밟기'가 끝나면, '덕석몰이'로 멍석말기를 흉내낸 놀이인데 이 순서를 보니 이제는 사라져 가는 '멍석'이 생각나 새삼 정겹게 느껴진다. 그 다음에는 '덕석풀기'를 한다. 우리 선조들은 '말았으면 다시 풀어야 하는' 삶의 지혜를 놀이에서도 그대로 실천하고 있다. "풀자 풀자 덕석을 풀자 (설소리) 풀자 풀자 덕석을 풀자 (받는소리)라고 '설소리'와 '받는소리'로 서로 노래를 주고 받으면서 그들은 평소 그들이 느꼈던 삶의 고단함도 모두 풀어버린다. 이것이 민속놀이의 매력이다. 놀이 자체가 하나의 즐거움이면서 동시에 삶을 재충전하는 활력소로서의 역할도 충분히 해주고 있다. '쥔쥐새끼놀이', '문 열어라', '가마등', '도굿대 당기기' 등 여러 가지 다양한 순서를 거치면서 "강강술래"는 여럿이 한마음으로 즐기는 공동체 의식을 저절로 익히게 된다.

강강술래는 이렇게 다양한 내용으로 풍부하게 즐길 수 있는 우리의 자랑스런 민속놀이이다. 예로부터 우리 민족은 여럿이 함께 모여서 흥겹게 노는 지혜를 알고 있었다. 강강술래는 애당초 예술을 위한 공연 형태로 이해할 수 없다. 그저 우리 이웃 집 아지매가 달밤에 제 흥에 겨워 또, 그 이웃 집 아지매의 손을 끌고, 밖으로 나와 신명나게 놀아보는 놀이 그 자체였던 것이다. 중요무형문화재 제8호로 진도에는 박용순 씨 이외에 김종심 씨, 박종숙 씨 등이 예능보유자로 지정되어 활동하고 있다.

해군사관학교에서 출간한 "이충무공의 리더십과 사상연구"에서 최두환교수는 「제3편 명량대첩과 강강수월래의 재조명」에서 옥매산보다는 망금산에서 강강술래를 했다는 것이 더 설득력 있다고 논평했다. 이런 논고에서 보듯이 강강술래는 진도 부녀자들에 의해 전략전술에 활용되었을 가능성이 아주 높다. 더군다나 진도는 무형문화물의 전승이 예전부터 무척 활발하였기 때문에 명량대첩 축제를 다채로운 행사로 발전시켜 진도군 군내면 녹진, 진도군 고군면 벽파를 중심으로 하는 충무공 이순신 장군의 산교육장과 체험관을 마련해야 한다.

④ 강강술래 지정 경위

○ 1966년 2월 15일 : 국가중요무형문화재 제8호 지정
　· 양홍도(예능보유자 인정 : 진도 출신)
　　- 1966년 예능보유자 인정
　　- 1971년 사망으로 해제
　· 김길임(예능보유자 인정 : 해남 출신)
　　- 1966년 예능보유자 인정
　　- 1999년 사망으로 해제

· 김금자(예능보유자 인정 : 서울 출신)
 - 1966년 예능보유자 인정
 - 1971년 미성년자로 해제 조치

○ 1976년 6월 30일 : · 최소심(예능보유자 인정 : 진도 출신)
 - 1992년 사망으로 해제

○ 1993년 8월 2일 : · 박용순(예능보유자 인정 : 진도 출신)

○ 2000년 7월 22일 : · 김종심(예능보유자 인정 : 진도 출신)
 · 박종숙(예능보유자 인정 : 진도 출신)
 · 박양예(예능보유자 인정 : 해남 출신)
 · 차영순(예능보유자 인정 : 해남 출신)

※ 현재 전수활동은 진도 민속전수관에서 주도적으로 하고 있음
※ 전국민속경연대회(1976년)에서 해남 강강술래가 출전하여 대통
 령상을 받았음(진도 강강술래는 예산문제로 출전 못했지만, 이것
 으로 해남 강강술래라고 칭하는 것은 잘못된 일이라고 사료됨)

= 2020년, 현재는 위의 지정 상황이 예능보유자 사망 등으로 달라졌
 음을 밝혀 둡니다.(김미경 주)

⑤ 강강술래와 진도와의 연관성

- 강강술래터가 진도에는 현재 남아 있다.
○ "망금산성(望金山城)과 강강술래(1998)"라는 진도군에서 목포대
  박물관에 의뢰하여 출간된 목포대학교박물관 학술총서 제53책에
  의거하여 진도군은 도지정기념물 제204호 망금산 관방성 안에
  강강술래터를 복원해 놓았다.

- 강강술래는 진도 아낙네들을 이용한 이충무공의 뛰어난 전략전술
  이었다.
○ 병력이 모자란 충무공 이순신이 왜적의 눈을 속이기 위해 진도
  둔절리(지금의 둔전리로 사료됨) 곡창(穀倉)을 의장(擬裝)하여
  군량이 많음을 과시하는 한편, 아낙네들을 동원하여 각기 색옷을
  입혀 산 둘레를 돌게 하였다. 이와 같은 의장된 군사 행렬이 강강
  술래의 기원이라는 말이 진도에서는 전해 내려오고 있다.
○ 명량대첩 때 남자는 모두 전쟁에 동원되어 마을에 아낙네들만
  남게 되니 아낙네들에게 남자의 옷을 입히고, 진도의 망금산에 올
  려보내 강강술래를 시켰다는 말도 전해지고 있다.
○ 강강술래가 더욱 높이 평가받고 있는 것은 바로 명량해전 때 왜
  적을 무찌르는 한 수단으로 충무공 이순신 장군이 사용한 고도의
  전략전술(戰略戰術)이었기 때문이다. 강강술래는 이순신 장군의
  뛰어난 지략(智略)의 성공으로 전쟁을 승리로 이끌게 한 진도의
  자랑스런 문화유산이다.

- 강강술래는 중요무형문화재 제8호로 진도에는 박용순 씨 이외에
김종심 씨, 박종숙 씨 등이 예능보유자로 지정되어 활동하고 있다.

이상의 위의 논문 내용에서 알 수 있듯이 강강술래는 1597년, 명량
해협 즉 울돌목(울면서 도는 목)에서 펼쳐진 "명량해전"에서 승리를 거
둔 "명량대첩"과 긴밀한 관계를 가지고 있었음을 볼 수 있다. 그리고 그
중심에는 지략과 전술에 능했던 불멸의 영웅 – 이순신 장군이 계시다.

국가지정 중요무형문화재 제8호 강강술래의 진도 최초 예능보유자
양홍도 예인과 두 번째 예능보유자 최소심 예인은 모두 "녹진"의 "술도
가"에 20세기 초에 머물면서 함께 350여년 전 전쟁터에서 목숨을 걸고
춤을 추며 노래를 불렀던 "강강술래"를 춤추며 노래하며 생활했던 것
이다. 참으로 기막힌 인연이라 말하지 않을 수 없다.

　앞에서도 언급했듯이 "강강술래"와 "이순신 장군"과 "둔전리"는 매우 밀접한 관계를 가지고 있다. 왜냐하면, 그 당시는 지금처럼 "둔전리" 앞이 논바닥이 아니라 바다였기 때문이다. 바로 "녹진" 바다와 제일 가까운 마을이 "둔전리"이었기 때문에 "이순신 장군"은 둔전리 사람들을 동원해 전략전술에 활용한 것이다.

> "병력이 모자란 충무공 이순신이 왜적의 눈을 속이기 위해 진도 둔절리(지금의 둔전리로 사료됨) 곡창(穀倉)을 의장(擬裝)하여 군량이 많음을 과시하는 한편, 아낙네들을 동원하여 각기 색옷을 입혀 산 둘레를 돌게 하였다. 이와 같은 의장된 군사 행렬이 강강술래의 기원이라는 말이 진도에서는 전해 내려오고 있다."

　위의 인용문에서 우리는 둔전리가 왜, 강강술래의 원조인지를 확실히 알 수 있다. 그래서 "둔전리"에서 계승되고 있는 "강강술래"를 나는 "오리지널리티(originality)"라고 부르고자 하는 것이다. 앞에서 말했듯이 "군내면 녹진리 망금산 넓은 터에서 이순신 장군의 뛰어난 전략전술의 한 프로그램으로 시연되었다면 그때 강강술래를 한 여인네들은 그 당시 근방에 마을을 형성하고 살았던 둔전리, 덕병리 등 지금 군내면 일대의 진도군민들이었을 것"이라는 말과 "이런 시각에서 강강술래의 역사를 훑어 본다면 강강술래의 중요무형문화재 예능보유자이었던 최소심 예인은 진짜 강강술래의 오리지널리티(originality)의 산 증인"이라고 할 수 있는 것이다.

가만히 생각해보니 내가 2020년 7월 3일에 우리 둔전마을 최소심 예인의 제자 분들에게 각자 집에서 입던 한복을 입고 나오시라고 한 것이 바로 "각기 색옷을 입혀 산 둘레를 돌게"한 이순신 장군의 전통을 그대로 계승한 "둔전리 강강술래"의 "오리지널리티(originality)"이었던 것이다. 우연의 일치 같지만, 나의 의식 깊은 곳에 이미 2006년에 썼던 논문이 잠재되어 있었나 보다.

그러니까 내가 "진도 신비의 바닷길 축제"에 가서 찍은 앞의 사진 속의 하얀 저고리에 검정 치마를 입은 "강강술래"는 이미 공연화된 천편일률적인 "강강술래"이지 "오리지널리티(originality)"는 아닌 것이다.

2020년 7월 3일, 알록달록 색옷을 입고 나온 굽은 허리의 둔전 마을 할머니들이 왜이리 고운지 나는 담박에 눈물이 왈칵 쏟아질 것 같았다.

세월이 가만 두지 않는 몸이야 어쩔 수 없다지만, 아직도 고운 색시 시절에 신나게 뛰었던 "강강술래"의 즐거운 나날들을 기억하는 그들의 주름살 위의 밝은 웃음은 어찌 한단 말인가.

자, 그러니까 적어도 진도 "강강술래"는 둔전리 부녀자들을 동원한 이순신 장군의 기발한 아이디어가 그 중요한 시발점이었다는 것을 알 수 있다.

이토록 나라를 위한 큰일을 둔전리 사람들이 감행했다니 다시 생각하고 또, 생각해봐도 멋진 일이 아닐 수 없다. 이순신 장군이 "호남은 국

가의 보장이니 만약 호남이 없으면 곧 국가도 없다(湖南國家之保障 若
無湖南是無國家)"는 말이 실감나는 일이다.

그런 둔전 마을에서 "강강술래"를 전파하고 제자들을 키워 낸 최소
심 예인은 그래서 소중한 사람이다.

그녀가 본격적으로 둔전 마을에 살기 시작한 것은 1951년, 면서기를
지내고 그 당시 둔전 마을 이장을 하고 있던 이연암 어르신의 둘째 각
시가 되면서부터이다.

그녀는 다음 해부터 시작하게 된 둔전리 일대의 간척공사 인부들을
상대로 밥과 술을 파는 일을 시작했다.

가끔 그녀가 사는 곳을 "세등리"로 기록하는 일이 있는데 이는 행정
구역상 길 하나를 두고 둔전 마을을 비교적 멀리 떨어져 있는 세등리로
가른 것이다. 그러니까 그녀가 사는 지역은 둔전 마을이 맞다. 여러 책
에서 혼효되어 쓰는 이유는 이런 연고 때문이다. 이순신 장군이 바다를
가르고 온 둔전 마을 일대는 드디어 1952년, 육지화되는 간척사업이 시
작되었다.

지금 생각하면 안타까운 일이다. 오히려 바다로 그대로 두었더라면
앞으로 더욱 문화관광 콘텐츠로서의 활용 가치가 높을 텐데 하는 안타
까운 마음을 금할 수 없다. 그러나 그때는 배고픈 보릿고개를 넘어야
할 시기이었기에 농사지을 땅이 필요했었으리라.

하여간 최소심 예인은 마흔다섯 살에 둔전 마을에 안착하여 생을 마칠 때까지 거의 40여 년의 세월을 꼼짝하지 않고 이곳에 산다.

〈사진 출처 : 구술: 최소심 / 편집: 강윤주, 『시방은 안해 강강술래럴 안해』, 뿌리깊은 나무, 1992. 82쪽. 발췌 인용〉

최소심은 1952년부터 둔전리 일대의 바다를 메꾸고, 농경지를 만드는 간척사업에 참여한 일꾼들을 상대로 술과 안주를 팔았다. 그녀는 어렸을 때부터 야무진 손맛으로 음식을 아주 잘했다.

그러면서 둔전 마을 아낙네들에게 "강강술래"를 가르치고 함께 공연을 다닌다.

억척스럽게 손수 술도 만들고, 닭도 잡고, 돼지도 잡아 맛있는 술과 안주도 팔면서 말이다.

〈사진 출처 : 구술: 최소심 / 편집: 강윤주, 『시방은 안해 강강술래럴 안해』, 뿌리깊은 나무, 1992. 28쪽. 발췌 인용〉
최소심은 친정 엄마에게서 배운 술 담그는 일부터 장 담그는 일까지 모두 알토란처럼 살뜰하게 잘도 했다고 한다. 그래서 오랜 세월을 술과 안주를 파는 일을 그리도 많이 했나 보다.

〈파밭으로 바뀐 최소심 예인의 집터 : 세월의 무상함을 새삼 느낄 수 있다. 여기서 얼마 가지 않
으면 최소심 여사의 공로비가 있다.〉

　"강강술래"의 예능보유자가 된 것은 그녀가 둔전 마을에서 술장사를 끝낸 1960년 이후에도 16년의 세월이 흘러서이다.

　추측하건대 최소심 예인은 1966년 2월 15일에 "강강술래"의 예능보유자가 된 양홍도 예인과의 인연을 둔전 마을에 살 때도 끊지 않았던 것으로 보인다. 양홍도 예인이 1971년 7월 17일, 생을 마감할 때까지 살았던 군내면 정자 마을은 그 당시 최소심 예인이 살고 있었던 둔전 마을에서 그리 많이 떨어져 있지 않은 곳이다. 아마도 양홍도 예인과 최소심 예인은 "녹진"에서 함께 춤추고 노래했던 인연을 계속 이어 나갔으리라.

　그런 저런 인연으로 양홍도 예능보유자가 1971년 생을 마감하자 5년 뒤인 1976년 6월 30일, 최소심 예인이 "강강술래" 예능보유자로 양홍도 예인의 뒤를 이어 지정 받게 되었다. 자세한 내막은 알 수 없으나 최소심 예인의 수제자인 현재 "강강술래" 박용순 예능보유자의 증언에 따르면 양홍도 예인과 최소심 예인은 한 남자를 사랑한 각별한 인연을 가지고 있었으니 말이다.

강강술래 진도 명인 최소심의
삶과 죽음 이야기

최소심, 그녀는 이제 언뜻 언뜻 바다도 보이고 배추밭도 보이는 양지 바른 금성 마을(행정구역상 둔전리)의 언덕 위에 자연과 벗하며 편안히 누워 있다.

〈사진 : 최소심 예인 묘소(2020년 11월 7일 촬영. 진도군 군내면 둔전리 (금성 마을)〉

〈사진 : 박종남 면장님의 사진과 묘소〉

2020년 11월 7일, 원고를 급하게 마무리하고 있는 와중에 진도군에서 함께 근무했던 둔전 마을 박병량 씨를 우연히 만났다. 나는 박종남 면장님이 집안 할아버지가 된다는 그의 말을 듣고는 반가워서 박종남 면장님에 대해 이것저것을 물었다. 박종남 면장님의 사진을 구할 수 있느냐고 묻자 군내면사무소 2층에 역대 면장님들의 사진이 나열되어 있는데 그 중에 있다고 말해 주는 것이 아닌가. 나는 그 말을 듣자마자 단박에 군내면사무소에 달려 가서 토요일이라 잠겨 있는 문을 두들겼다. 마침 휴일 근무를 하고 있던 부면장님이 문을 열어주어 다행히 역대 면장 중 10대인 박종남 면장님의 사진을 찍을 수 있었다. 그리고 같은 날, 박병량 씨가 안내해 준 박종남 면장님의 묘소를 참배하고 그의 묘소 사진을 찍을 수 있었다. 이 묘소의 상석(床石)을 자세히 살펴보니 "行面長密陽朴公鍾南之墓(행면장밀양박공종남지묘)"라고 쓰여 있다.

이로 인해 최소심 예인의 공식적인 첫 번째 "사랑"이었던 박종남 면장님은 최소심 예인이 살았던 둔전 마을에 묻혀 있다는 것을 알게 되었다. 또, 박종남 면장님과 함께 묻혀 있는 부인은 최소심 예인이 아니라 김해 김씨라는 것도 알 수 있었다.

그러니 갑자기 최소심 예인이 마지막으로 "사랑"한 이연암 이장님의 묘소는 어디 있는지 궁금해졌고, 최소심 예인의 묘소도 그 분과 함께 있는지 궁금해졌다.

급기야 이연암 이장님과 가까운 친척이 된다는 이원용 씨를 섭외해서 금성 마을에 있는 이연암 이장님과 최소심 예인의 묘소를 찾아갔다.
그래서 알게 되었다. 이연암 이장님의 본명이 "이승창"이며 최소심 예인의 또 다른 이름이 "최소엽"이라는 사실을 말이다. 아래 묘소 사진 중에서 가장 가까이 보이는 묘소가 최소심 예인의 묘소이다. 나는 예를

갖추어 재배를 올렸다. 그녀는 원주 이씨의 선산에 고요히 묻혀 있었다.

최소심 예인의 뜻밖의 또 다른 이름 - 최소엽은 내게는 참으로 생소한 느낌을 주었다. 거기다가 비석 옆에 쓴 "西紀一九0八年七月七日生 一九九二年月十二日卒"은 또다시 나를 헷갈리게 했다. 최소심 예인이 태어난 출생연도는 1907년 음력 7월 7일인데 여기는 1908년으로 쓰여 있다. 또, 돌아가신 날은 1992년 2월 12일로 되어 있다.

어찌된 일인지 가만히 생각해보니 태어난 날은 공식적인 날짜를 따랐고, 돌아가신 날은 음력으로 기록해서 그렇다는 것을 알 수 있다. 1992년 3월 15일에 돌아가셨다는 공식적인 기록은 양력이고, 그날이 음력 2월 12일이다. 우리가 한 인물에 대해서 생애사를 쓸 때는 이런 점을 꼭 고려해야겠다는 생각이 새삼 들었다. 참으로 까다로운 글쓰기이다. 하여간 그녀는 파란만장했던 생을 1992년 음력 2월 12일 마감하고 "연암"이라는 호를 가진 이승창 어르신 옆에 행복하게 누워 있다. 나는 비로소 마지막 "사랑"의 좋은 결실이라는 안도의 숨을 휴~우 내쉰다. 참으로 다행이다.

나는 예인에게 "사랑"만큼 극도의 예술혼을 끌어 올려주는 원동력도 없다고 생각한다. "사랑"이 주는 환희의 순간부터 기쁨, 아픔, 슬픔의 순간까지 어느 하나 버릴 것 없는 것이 바로 "사랑"이 주는 예술적 영감이다. 만나면 헤어짐이 있고, 만나면 "갈등"이 있기 마련인 세상사 인연에서 "사랑"이 사람을 구제하고 "사랑"이 사람을 나락으로 떨어지게도 만든다.

"사랑"의 파노라마를 겪어보지 않은 예인은 진정한 예술의 경지를 맛보기 쉽지 않다. 그런 의미에서 최소심 예인은 "사랑"을 진하게 겪은 예인이다.

혹자는 칠월 칠석에 태어나 그녀의 어머니 말마따나 센 팔자를 살았다고 할지 모르지만, 나는 생각이 조금 다르다.

어찌 온갖 희로애락(喜怒哀樂)을 담는 춤을 추고, 노래를 부르는데 "사랑"이 주었던 오욕칠정(五慾七情)을 모르면 될 법한 이야기인가.

"사랑"의 아픔과 기쁨을 겪었던 최소심 예인이야말로 진정한 예술인이다.

강강술래 진도 명인 최소심에 대한
공연 이야기

　　최소심 예인의 일대기를 그린 "달떠온다 달떠나온다"라는 창극이 2009년 12월 19일 오후 3시에 진도향토문화회관에서 공연되었다고 한다. 이는 강강술래 유네스코 세계무형문화유산 등재 기념으로 "2009 진도군 무대공연작품 지원사업"으로 이루어진 것이란다. 나는 이런 일이 있었다는 것이 뛸 듯이 기뻤다.

　　그래서 열심히 이 공연에 대한 정보를 읽어 내려갔다.

〈출처 : 진도군 홈페이지 - 군정소식(2010년 1월 7일 작성〉

　　그 내용을 그대로 옮기면 다음과 같다.

　　진도군 향토문화회관에서 오는 19일(토) 창극 '달떠온다 달떠나온다'를 공연한다. 진도군은 "강강술래 유네스코 세계무형문화유산 등재를 기념하기 위해 강강술래 보유자 최소심씨의 일대기를 그린 창극을 오는 19일(토) 오후 3시 공연한다"고 지난 17일 밝혔다. 총 일곱마당으로 공연되는 창극 '달떠온다 달떠나온다'는 최소심씨의 어린 시절, 큰애기 시절, 첫 번째 혼인, 두 번째 혼인, 6.25 동란, 세 번째 혼인 시절 등 현재에서 과거를 회상하는 형식으로 이루어진다. 주인공으로 등장하는 최소심씨는 강강술래 보존회가 결성되기 이전부터 보존·전승활동을 해왔으며, 낮에는 생계활동을 밤에는 주민들을 모아놓고 전수활동을 실시했다. 특히 살림살이가 어려웠던 시절, 남성중심의 사회에서 겪었던 여성들의 한(恨)이 강강술래 속에 녹아들어 있음을 이 공연을 통해 잘 표현할 것으로 예상된다. 진도군 문화관광과 관계자는 "이 공연을 통해 유네스코 세계무형문화유산으로 등재된 강강술래가 민속 및 문화예술의 본고장인 진도에서 유래되었다는 점을 널리 알릴 수 있는 계기가 될 것"이라고 밝혔다. 한편 창극 '달떠온다 달떠나온다'는 진도군 무형문화재 전수관에서 기획된 공연으로 박재준씨 등 무형문화재 전수자 15명이 참여해 공연을 펼칠 예정이다.

　　나는 최소심 일대기를 그렸다는 이 공연의 실체를 알아 보고 싶어서 제일 먼저 박재준 씨에게 전화를 걸었다. 박재준 씨는 자신은 출연자이라 주체적으로 관여하진 않아서 구체적인 상황은 잘 모른다고 했다. 그래서 나는 10년도 넘은 이 공연의 흔적을 찾아내기 위해 포스터와 신문 기사 등을 토대로 인터넷을 집요하게 추적했다. 그랬더니 드디어 그 당시 공연 유튜브 영상을 찾을 수 있었다. 여기에는 "대본/배삼식, 작창/한승석, 연출/주호종" 등으로 되어 있었다.

〈유튜브 동영상 주소 :
 https://www.youtube.com/watch?v=AkiHkLuQpoY〉

제이유창극발전소에서 유튜브에 영상을 올린 것이다. "제이유창극발전소"는 영상 밑에 구체적으로 다음과 같이 부연 설명을 붙였다.

제이유창극발전소

구독자 528명

부재– 샘안집 작은넵이 한 평생(2009.12.19)

제작/진도군

총감독/김오현

대본/배삼식

작창/한승석

음악감독/이태백

연출/주호종

이 대본은 1990년에 발간된 뿌리깊은 나무 민중 자서전9 진도 강강술래 앞소리꾼 최소심의 한평생 "시방은 안해, 강강술래럴 안 해"를 바탕으로 재구성, 창작한 것입니다.

가장 한국적인 소재, 소리, 몸짓…

슬픔과 애환…

흥과 멋…

진도 국가무형문화재들과 함께 창극 강강술래를 만들었습니다.

강강술래는 1966년 2월 15일 국가 중요무형문화재 제8호로 지정되었고, 2009년 9월 30일 유네스코 세계무형문화유산으로 등재되었다.

나는 최소심 일대기를 그렸다고 해서 무진장 기대하고 거의 두 시간을 집중해서 이 공연 영상을 보았다. 김오현 감독과는 오랜 시간 함께 "진도씻김굿(국가지정 중요무형문화재 제72호)" 공연을 다니며 내가 해설을 맡아 진행한 인연이 있는 분이고, 진도 출신 주호종 연출자는 내가 전주대학교 연구교수 시절 학생들과 "전주세계소리축제" 현장 답사를 가서 그가 연출한 "배비장전"을 볼 정도로 나와는 좋은 인연이 있는 분이다. 그리고 중앙대학교 한승석 교수와 목원대학교 이태백 교수도 가끔 공연장에서 만나면 인사를 나누는 사이이다.

나는 이런 쟁쟁한 분들과 극본으로 유명한 배삼식 작가 그리고 국가지정 중요무형문화재 제51호 남도들노래 예능보유자 박동매 씨가 최소심 예인으로 등장하고, 전라남도 무형문화재 제34호 남도잡가 예능보유자 강송대 씨를 친이모이자 스승으로 둔 노부희 씨가 최소심 예인의 손녀로 등장하길래 무척 큰 기대를 걸며 동영상을 집중해서 보았다. 그러나 공연 영상을 모두 관람하고는 아쉬움이랄까 서운함이랄까. 복잡한 감정이 내 마음을 파고드는 것은 어찌할 수 없었다.

아마도 기대를 너무 해서 생긴 낭패일 것이다. 아니면 "최소심"이라는 소위 이 공연에서 말하고 있는 "샘안집 작은넵이 한 평생"이 내 시각과는 다른 곳에 포커스를 맞추고 있어서 낯설었는지도 모른다.

앞의 보도 자료에서도 설명했듯이 이 공연은 "최소심씨의 어린 시절, 큰애기시절, 첫 번째 혼인, 두 번째 혼인, 6.25 동란, 세 번째 혼인 시절 등 현재에서 과거를 회상하는 형식으로" 꾸며졌다.

그리고 "강강술래"라는 예인적 기질에 대한 최소심을 조명하기 보다는 그녀의 세 번의 혼인에 더욱 포커스가 맞추어져 있다.

물론, 나도 읽고 또 읽고 있는 "시방은 안해, 강강술래럴 안해"를 바탕으로 재구성, 창작한 것이라는 것을 참작해도 "강강술래" 명인으로서의 면모가 구체적으로 표현되지 않은 점은 아쉽고, 서운하다.

그것마저도 내 부질없는 욕심일까.

물론, 우리나라 공연의 열악한 환경을 고려한다면 이런 공연을 시도했다는 것만으로도 무척 고무적인 일일 수도 있다.

나는 2012년, 1년 동안 중국 북경에 있는 중앙민족대학으로 소수민족축제를 공부하러 방문학자로 가 있었다.

그러면서 나는 시간이 날 때마다 열악한 중국의 정보들을 샅샅이 뒤져 배낭 하나 달랑 둘러 메고 그곳이 중국땅 어디든지 소수민족이 있는 곳이고 축제가 벌어지는 현장이라면 주저 없이 그곳으로 씩씩하게 달려갔다. 거기다가 덤으로 공연 예술이 펼쳐지는 곳이라면 비싼 관람료와 수많은 인파를 뚫고 가야 하는 험난한 코스도 마다하지 않고 굳세게 찾아 갔다.

그 덕택에 나는 지금 중국의 오지에서 펼쳐지는 중국 소수민족 축제 사진들을 다수 보유하고 있다. 그래서 안다. 우리나라가 중국의 거대한 스케일의 공연 예술에 대한 투자를 못 따라 간다는 것을 말이다. 물론, K-pop 등 한류 콘텐츠가 주는 자부심도 없는 것은 아니다. 그러나 공연 예술에 대한 투자는 확실히 열악하다.

우리나라는 각 지자체마다 경쟁할 수밖에 없는 구도이고 중앙 정부는 어느 한 지역에 편중되게 지원하면 형평성 문제가 제기되니 아마도 골고루 나눠주어야 하는 것이 현실이리라.

그래도 나는 이제는 세계적인 고급 상품을 만들어 세계인들이 공연을 보러 오게 하려면 "선택과 집중"이 필요하다는 생각이 든다.

중국 정부가 최첨단 기술을 활용한 공연 예술의 탄생을 위해 장예모 감독에게 320억 정도를 쏟아 붓는 과감한 투자에 경탄을 보낸다.

투자 없이 어떻게 고급스러운 명품 예술 공연이 탄생될 수 있겠는가.

이런 점을 감안하고 우리는 세계무형문화유산 "강강술래"를 다시 세심히 재점검해야 한다.

그러기 위해서 2008년에 쓴 내 논문의 다음의 내용을 참고할 필요가 있다.

나는 꿈꾼다. "진도 강강술래"의 세계적인 공연이 진도 명량해협 앞바다에서 이루어지기를.

〈2012년 4월 11일, 중국 윈난성 "인상리장" 공연 모습(김미경 촬영)〉

  2008년 8월 8일, 개막된 베이징 올림픽의 개막식 총연출을 맡았던 세계적인 영화감독 장예모(張藝謀)는 오지 마을을 연극 한 편으로 세계인들이 찾아오는 뛰어난 문화관광 도시로 탈바꿈시키는 데 성공했다. 그것은 일명 "인상(印象) 프로젝트"로 불리는데, 중국 운남성 남부에 위치한 리장(麗江)의 옥룡설산(玉龍雪山)에다 거대한 야외극장을 꾸며 치밀하게 잘 짜여진 스토리텔링을 가지고 500여 명의 연기인들을 동원해 강한 훈련을 시켜 연극 〈인상리장(印象麗江)〉을 탄생시킨 것이다.

  〈인상리장(印象麗江)〉은 "山水를 세트로, 농어민을 배우로, 전설을 스토리로" 만들어 "①차마고도(고도마방 : 古道馬帮), ②대주설산(對酒

80

雪山), ③천상인간(天上人間), ④타도조가(打跳組歌), ⑤고무제천(鼓舞祭天), ⑥기복의식(祈福儀式)" 등의 6개 부문으로 나시족, 이족, 푸미족, 장족, 묘족 등 그동안 중국 중앙 정부로부터 소외되어 온 10여 개의 소수민족들이 배우로 캐스팅되어, 예전에 말(馬)을 타고 차(茶)를 나르던 차마고도(茶馬古道)의 영화(榮華)와 자부심을 그대로 표현하기 위해 최선을 다하고 있다. 이것은 바로 아름다운 자연과 소수민족들이 지니고 있는 민속문화를 장예모라는 안목 높은 예술가가 아무 것도 꾸미지 않는 천연 그대로의 상태로 예술화한 결과이다. 대부분 농어민으로 가난과 싸우던 소수민족 출신의 배우들은 혼신의 힘을 다하여 자신이 맡은 바 연기에 몰두한다.

그런 500여 명의 배우들이 하얀 설산(雪山)을 배경으로 혼연일체가 되어 우렁차게 두들기는 북소리는 정말 190위엔(₩27,550원)이라는 비싼 관람료가 아깝지 않을 정도로 장관이다. 이렇게 스토리텔링만 잘 짜서 좋은 볼거리를 제공한다면, 관광객들은 하늘을 가르고 산을 넘고 바다를 건너서라도 반드시 진도로 찾아오고 말 것이다.

- 김미경,『진도 축제식 상장례 민속의 연희성과 스토리텔링』,
고려대 대학원, 2008. 12. 209-210면 : 박사학위 논문

= 오늘 이 자리에서는 마지막 문장을 이렇게 바꾸어 말하고 싶다.

이렇게 스토리텔링만 잘 짜서 좋은 공연 작품을 내놓는다면, 국내외 관광객들은 하늘을 가르고 산을 넘고 바다를 건너서라도 반드시 진도

강강술래를 보러 진도군 군내면 강강술래 공연장으로 찾아오고야 말 것이다.

　나는 매일 매일 꿈꾼다. 제발 내가 지금 쓰고 있는 "강강술래 진도 명인 - 최소심 예인의 삶과 예술 이야기"라는 이 작은 책자가 하나의 불씨가 되어 "강강술래"가 세계적인 공연으로 만들어지기를. 제발 내가 비싼 VIP석을 사서 감동 깊게 본 중국 윈난성 리장의 "인상리장 프로젝트 : 리장의 추억" 공연을 능가하는 "강강술래"의 세계적인 공연화가 이루어지길 나는 매일 매일 간절히 기도한다.

강강술래 진도 명인 최소심을 이을
미래 이야기

　나는 최소심 예인과 인연이 징~하게도 깊은 진도군 군내면 둔전리로 삶의 거처를 옮기게 되면서 계속 고민하기 시작했다. 어떻게 하면 세계무형유산 걸작인 "강강술래"를 진정 그 이름에 걸맞게 세계무형유산 걸작으로 세계인들에게 각인시킬 수 있을까. 그리고 죽기 전에 최소심 예인이 구술한 것처럼 "시방은 안해 강강술래럴 안해"라는 푸념 섞인 한탄을 종식시킬 수 있을까. 방법은 단 한가지이다. 미래세대에게 "강강술래"를 재미있게 전하는 것이다.

〈사진 : 2020년 4월 27일, 진도군 군내면 녹진리에 위치한 망금산 "강강술래터"에서 "울돌목꿈쟁이마을학교" 이철호 교장선생님이 찍었다. "진도 역사·문화 스토리텔링북 만들기" 프로그램의 일환으로 진행된 이 프로그램은 군내면 "금골지역아동센터" 친구들과 함께 했다.〉

　나는 최소심 예인의 일대기를 그린 "달떠온다 달떠나온다(2009년 12월 9일)"라는 창극의 주인공 국가지정 중요무형문화재 제51호 "남도 들노래" 박동매 예능보유자와 우리 진도의 미래세대들을 이어주고 싶었다. 그래서 2020년 10월 28일 수요일 저녁에 진도 무형문화전수관에서 열리는 "진수성찬"이라는 공연에 "김미경박사와 함께 떠나는 진도 역사문화여행(주최:진도문화원, 후원:전남진도교육지원청)"프로그램으로 참가한 "금골지역아동센터" 친구들을 일부러 데리고 갔다. 그리고 마지막 하이라이트로 함께 "강강술래"를 추는 시간을 마련했다. 그야말로 세대를 아우르는 신명나는 한판이었다.

〈진도 무형문화재전수관에서 세대를 초월하여 함께 하나 되는 "강강술래"가 펼쳐졌다. (2020년 10월 28일)〉

〈진도 향토문화회관 공연장에 들려 진도의 소중한 무형문화재가 무엇이 있는지 설명하는 시간
을 가졌다. (2020년 10월 28일)〉

〈진도 향토문화회관 야외에 세워져 있는 강강술래 진도 명인 - 최소심 예인의 "강강술래 최소심"의 기념비를 보며 미래세대들에게 그분이 어떤 분이었는지 상세히 설명했다. (2020년 10월 28일)〉

강강술래 진도 명인 최소심 때문에 꿈꾸는
꿈 이야기

　나는 이번 강강술래 진도 명인 최소심 예인 때문에 오랫동안 마음속에 간직해 왔던 강강술래를 세계적인 공연으로 만드는 절실한 꿈과 이순신 장군과 관련된 명량대첩 승전 현창사업을 실천하는 원대한 꿈을 다시 꾸게 되었다. 이 꿈은 내가 2002년 8월 17일과 18일에 시나리오와 진행을 맡은 〈진도평화제(진도군 군내면 녹진리 : 진도대교 광장)〉라는 축제에서 그 싹을 틔운 것이다. "명량해전에서 돌아가신 무주고혼(無主孤魂)들을 위한 위령제(조선수군들 뿐만 아니라 일본 수군들을 위해서도 함께 지냄)"와 "이야기가 있는 씻김굿" 등의 연행을 보면서 나는 명량대첩 승전 현창사업과 강강술래 세계화에 대해 큰 꿈을 꾸었다. 결코 쉽사리 실천될 수 있는 여건은 아니었다. 수많은 좌절과 포기 속에 거의 이십 년이 가까운 봄 여름 가을 겨울을 보냈다. 그러면서도 그 씨앗은 여전히 내 가슴속에 깊이 뿌리박혀 있나 보다. 지금까지도 돈 버느라 시간이 없어야 되는 나이에 아직도 돈도 되지 않는 졸필이나 쓰며 "꿈"을 이야기하고 있으니 말이다. 그러나 나는 절대로 포기하지 않겠다. 이번에 쓰게 된 강강술래 명인 최소심 때문에도 결코 내 꿈을 포기하지 않으리라. 그 어려운 시대적인 여건 속에서도 그녀는 강강술래의 명맥을 잇기 위해 많은 제자들을 키워내지 않았는가. 이제부터라도 작은 마음으로 작은 불쏘시개의 역할이라도 열심히 해야겠다.

나는 진도군 학예연구사(2004년~2007년)로 근무하는 내내 진도의 역사, 문화, 예술, 문화재 등을 연구하고 관리하는 일을 도맡아 했다. 그러면서 나는 진도와 관련된 다양한 분야의 연구에 몰두했다. 그중에 내가 제일 주력해서 연구해 진도군에 제출하여 실행하려고 했다가 포기한 기획서가 있다. 그것은 바로 "명량대첩 승전 사업 – 벽파정 프로젝트"이다. 앞에서도 언급했듯이 2006년에 "순천향대학교 이순신연구소"에서 발간하는 "이순신연구논총" 제6호에 『명량대첩과 진도』라는 논문을 실었다. 특히, 이 논문의 부제로 "명량대첩의 중심지는 벽파진이었다"라는 문구를 넣어서 말이다. 이것은 내가 기획한 "명량대첩 승전 사업 – 벽파정 프로젝트"의 토대를 세우기 위해 내가 쓴 논문이다. 그런데 생각보다 이 논문의 파장은 컸다. 목포 KBS 뉴스에 소개되고 나니 많은 사람들이 관심을 가지게 되었다. 그래서 평소 친분을 좋게 쌓고 있었던 해남군 문화관광과장님을 언짢게 했고, 나는 이 논문 이후 해남군의 특강이 취소되는 우여곡절도 겪었다. 그러나 나의 소신은 지금도 유효하다. 물론, 진도와 해남 사람들이 모두 협력하여 명량해전을 명량대첩으로 이끈 장본인들인 것은 틀림없는 사실이다.

그러나 "명량해전"의 승전을 위해 이순신 장군이 구체적으로 전략전술을 기획한 곳은 해남 우수영이 아니라 진도 벽파진이었으며 만약에 "강강술래"를 전략전술로 활용했다면 해남 옥매산보다는 진도 망금산일 가능성이 더 높다. 이런 소신이 나에게 이번 책을 쓰게 만든 계기이기도 하다. 역사학과 한문학과 민속학을 공부한 학자이고 다큐멘터리와 교양 프로그램을 다수 집필한 방송작가이었던 내가 진도를 만난 것은 이제는 "운명"이라고 이야기하고 싶다. 어쩔 때는 이순신 장군의 기백이 나를 일깨워 이리로 나를 인도했는지도 모른다는 엉뚱한 생각이 들 정도로 나와 진도와의 인연은 기가 막힐 정도로 깊고 또, 깊다. 고려대학교 대학원 국어국문학과에서 한문학을 전공하던 나는 당연히 박사과정을 한문학으로 가서 저자미상의 『계산기정』의 저자를 찾아낸 석사논문을 더 확장하는 공부를 하려고 했었다. 그런데 이게 웬일인가. 진도에서 춤추고 장구치고 노래하는 상장례를 보게 된 이후부터 진도씻김굿, 진도다시래기, 진도만가, 진도아리랑, 진도 강강술래 등에 푹 빠져 아예 진도로 거처를 옮겨 본격적인 연구를 시작하게 된 것을.

서울시 마포구 아현동 85번지 643호 출생으로 거의 40년을 서울 밖에서 살지 않았던 내가 맨 처음에 진도라는 섬에 관한 이야기를 들었을 때 진도가 그저 아득하기만 했었다. "저기 저기 우리나라 남쪽 끝에서 조금 서쪽으로 올라가서 위치한 그 섬" 정도가 내가 아는 진도의 전부였다. 그런데 이제 어느새 진도는 나의 고향처럼 이름만 들어도 포근해지는 곳이 되어버렸다. 아주 어렵고 고통스러웠던 38살의 어느 날 진도의 예술들은 나의 쓰라린 상처를 어루만져 주면서 나를 매우 반갑게 맞이해 주었다. 그런 진도에서 58살을 한 달 남짓 남겨 놓은 내가 다시 진도에서 태어나고 진도에서 강강술래를 추고 노래를 부르던 소위 덕병리 출생이라서 "떡절네"라고 불렀다는 최소심 예인에 대해 글을 쓰고 있다. 얼마나 그분이 대단하신 분인지 심한 어지럼증이 와서 병원에 입원까지 하면서 이 책은 어렵게 어렵게 이 세상에 겨우 나오게 된다. 그래서 결심했다. 2007년 9월, 내가 진도군 학예연구사로 있을 때 나의 부족한 머리를 짜내고 짜내 최종적으로 써놓은 "명량대첩 승전 현창사업 – 벽파정 프로젝트" 기획서를 간단하게 정리하여 여기에 공개해야겠다고 말이다. 이는 혹시 내가 생명이 다해 이 세상에 없더라도 그 어떤 유능한 사람이 강강술래 또는 이순신 장군 현창사업을 하게 된다면 작은 보탬이라도 되었으면 하는 작은 마음에서 비롯된 것이다. 물론, 내 살아생전에 이런 일을 함께 할 수 있는 동지들을 만나는 기회가 찾아 온다면 참으로 좋겠지만, 세상사 모든 일이야 하늘에 달렸으니 어찌 장담할 수 있겠는가. 물 흐르는 대로 함께 흐를 수밖에. 오호라! 천명(天命)이란?!

명량대첩 승전 현창사업, 2007. 9.
〈벽파정 프로젝트〉

진도군수로 명(命)을 받은 충무공 이순신이 세계해전사에 가장 큰 성과를 올린 명량대첩지에 동상 및 역사공원을 조성하는 것과 연계하여 주변 지역의 종합 관광명소화 추진

□ 추진방향
  ○ 인근 해남 우수영 관광지와 조화를 이루면서 차별화된 관광지 조성
  ○ 충무공 이순신 장군과 가장 관련이 있는 역사유적지를 종합적으로 개발 (군내 녹진, 고군 벽파, 도평, 내동, 금갑도)
  ※우수영은 명량대첩지가 아닌 해군 군영 기지로서의 역할이 크고 난중일기에 의하면 명량대첩지(1597.9.15)인 우수영 앞바다(명량해협)에 진을 옮겼을 뿐 우수영에 머문 기록이 없으며 우수영 태평정에 이충무공이 머문 기록은 명량대첩 일년 전인 1596년 음력 8월 26일부터 8월 28일까지 임

○ 세계적인 관광지 개발로 지역경제 활성화 도모

□ 지금까지 추진상황

　○ 충무공 이순신 동상 공모 (2005. 1. 17)

　○ 충무공 이순신 동상 당선작 결정 (2005. 3. 16)

　○ 충무공 이순신 동상 및 역사공원 기공식 (2005. 10. 14)

　※ 동상 및 역사공원 조성사업비

　⌐ 동상규모 : 높이 35m

　⌊ 투자비 : 30억(동상 15억 · 역사공원 15억)

1) 충무공 이순신 동상 및 역사공원 조성 (군내 녹진) :

1) 충무공 이순신 동상 및 역사공원 (군내 녹진)	7,920㎡	30억	· 국내최대 규모 · 야간조명 등

2) 3D영상관 (군내 녹진) : (동상해변 우안 설치)

외부를 판옥선 모양으로 하여 내부에 3D 설치하여 그 당시 벽파정을 중심으로 한 긴박하고 치열했던 전투의 순간을 실감나게 보여줌

2) 3D 영상관 (군내 녹진)	· 15인용 좌석 · 판옥선모양	10억	· 출전,회상,전투개시, 전투승리 시나리오 (동상해변 우안 설치)

3) 홍보전시관 (군내 녹진) : 동상해변 좌안 설치

- 판옥선관(판옥선 우수성 홍보 및 판옥선조립체험 등)
- 세계4대 해전관/23전 23승 전시관/명량대첩 무기관
- 임진왜란과 정유재란 유물전시

3) 홍보전시관 (군내 녹진)	·23평(5.5×14) ·판옥선모양	10억	·임·정란유물전시 (동상해변 좌안 설치)

4) 벽파정 복원 (고군 벽파) :

- 파리 에펠탑 꼭대기에 에디슨의 밀랍인형을 만든 것처럼 이충
  무공과 부하들이 작전회의를 하고 있는 밀랍인형을 만들어 이
  순신 장군을 기념
- 진도 벽파진은 충무공이 17일(1597. 8. 29 ~ 1597. 9. 15) 동안 머물
  면서 일본군과 벽파진해전(1597. 9. 7)에서 승리한 승전지이고 이
  곳에서 수군을 정비하여 명량대첩을 승리로 이끈 호국의 성지
- 벽파진에는 이충무공이 17일 동안 묵은 벽파정이 있었다는 것에
  착안하여 이충무공 정신을 되살리기를 위한 벽파정 복원 절실
- 벽파진이 고려, 조선, 최근까지 진도의 관문인 것에 착안하여
  나루터를 활성화시키고 치열했던 전쟁 당시를 체험할 수 있도
  록 벽파진 복원 절실

| 4) 벽파정 복원
(고군 벽파) | 1동 | 30억 | · 이충무공 밀랍인형 등 |

5) 역사의 바다 체험장 설치 (고군 벽파) :

- 벽파진에 나루터를 복원하여 나루터에서 배를 타고 진도대교
  와 우수영까지 연계하는 관광사업 추진

| 5) 역사의 바다
체험장 설치
(벽파진) | · 체험장 1동 | 10억 | · 벽파진 나루터를 복원
· 나루터에서 배를 타고 진
도대교와 우수영까지 가
서 우수영과 연계하는 관
광사업 추진 |
| | · 체험배 12척 | | |

6) 호국체험관 (고군 벽파) :
- 벽파정을 중심으로 초가집(상주하는 음식점도 개설)을 여러 채
  복원하고 서바이벌 게임장 그리고 이충무공이 9월 9일 중양절
  에 군대 전부에게 소 5마리를 잡아 포식을 시켰던 점 등에 착안
  하여 음식 축제를 개최하는 등 그 당시 이순신 장군과 부하들이
  지냈던 힘든 환경 속에서 잘 견디는 훈련을 직접 체험
- 이순신관 ; 호국체험관 안에 이순관을 두어 관람객 자신이 직접
  이순신 장군이 되어 이순신 장군 의상을 입고 이순신의 리더쉽
  을 직접 발휘하는 체험하기
- 난중일기관 (이순신 장군의 17일간의 대장정 체험하기) ;
- · 난중일기를 읽으며 난세(亂世)를 잘 극복한 이순신 장군의 지

혜를 배워 이순신 장군이 벽파진에 진을 치고 명량해전을준비
하고 벽파진해전을 치루는 등 벽파진에서의 17일 동안의 내용을
17코너로 나누어 설명해 줌으로써 난중일기의 학습체험의 기회
를 가지게 함
· 선조실록에 의하면 이순신 장군은 진도 벽파진에서 크게 이겼
다고 본인이 직접 보고를 했을 정도로 명량해전의 핵심 장소로
벽파진을 이용함
· 다만, 전투의 유리한 점 때문에 음력 9월 16일, 진도 군내면과 해
남 문내면 사이의 좁은 명량해협을 전략전술의 한 방법으로 이
용했을 뿐임
· 명량대첩비의 기록이나 선조실록 그리고 난중일기의 기록으로
미루어 볼 때 이순신 장군의 명량해전의 중심부는 바로 벽파정
이 있었던 벽파진이었음이 틀림없음

6) 호국체험관 (고군 벽파)	초가집 20동	30억	· 벽파정 17일간 대장정 체험

7) 수군활동 체험 및 망바위 보기 (고군 벽파) :

− 수군 옷을 입고 수군들이 벽파정 옆 선황산 연대, 망바위 등에
서 일본 수군 함대를 정찰을 한 것을 직접 체험·명량대첩비의
기록이나 선조실록 그리고 난중일기의 기록으로 미루어 볼 때
이순신 장군의 명량해전의 중심부는 바로 벽파정이 있었던 벽
파진이었음이 틀림없음

7) 수군활동 체험 및 망바위 보기 (고군 벽파)	등산로,연대, 우물 복원	10억	· 수군들이 벽파정 옆에 연대, 망바위 등에 올라가서 일본군 정찰 체험

8) 강강술래 공연장 (군내 녹진) 및 강강술래 체험장 (군내 둔전) :

- 현재 망금산 관방성을 복원하고 강강술래 공연장을 만들어 이순신 장군의 뛰어난 전략전술인 강강술래를 세상에 널리 알리고 직접 강강술래 예능보유자들과 그 당시 군복을 입고 강강술래를 부르며 조국애를 느껴보며 스토리텔링 마케팅을 해야 함

- 이순신 장군이 둔전리 부녀자들을 색옷을 입혀 동원하였다는 둔전리 "해게뚱"에 체험관을 만들어 강강술래의 최소심을 이은 박용순 예능보유자에게 강강술래를 미래세대들이 배울 수 있도록 주선함

8) 강강술래 공연장 (군내 녹진) 및 강강술래 체험관 (군내 둔전)	강강술래 공연장 1동	320억 (공연 제작비 포함)	· 망금산 강강술래터에 마당 넓은 강강술래 민속전수관을 지어 공연의 장 마련(산수실경 공연 기획)
	강강술래 체험관 1동	10억	· 전국 각지의 학생들이 숙식을 하면서 배울 수 있도록 배치

9) 명량대첩 축제관 건립 (군내 녹진) :

- 강강술래관 옆에 명량대첩 축제관을 건립하여 명량대첩 축제
  에 대한 홍보와 진도의 민속 예술인들을 각 분야마다 상주 근무
  하게 하여 자랑스런 민속문화를 관광객들이나 학습하고자 하는
  학생들에게 직접 체험하게 하고 축제를 위한 리허설 연습장과
  축제 실내 공연장으로 활용

9) 명량대첩 축제관 건립 (군내 녹진)	1동	10억	· 명량대첩과 관련된 모든 복식과 장비들을 마련 축제의 장으로 활용

10) 정유재란 순절묘역 정비사업 (고군 도평) :

- 무명용사들의 묘역 정비 및 위령탑 설치

10) 정유재란순절묘역 정비사업 (고군 도평)	200기	15억	· 묘역 정비 및 위령탑 등 설치

11) 정유재란 무명용사위령관 (고군 도평) :

- 정유재란 때 진도군(명량해전)은 초토화되어 현존하는 진도군
  의 직계 선조(先祖)가 대부분 임란(壬亂) 이후로 알려져 있음
- 이는 임진왜란과 정유재란 당시에 진도군민들이 나라를 위해

얼마나 목숨을 바쳐 싸웠는지를 실감할 수 있는 부분

- 현재 진도군 고군면 도평리 일대 야산에는 조응량과 박헌을 비롯하여 비문이 분명치 않은 묘까지 약 200여기의 무명용사 묘역이 분포되어 있음

- 이를 정비하고 위령관을 세워 정유재란 때 조국을 위해 하나 밖에 없는 목숨을 내놓은 애국충신들의 높은 뜻을 되새기게 함

11) 정유재란무명용사 위령관 건립 (고군 도평)	1동	5억	· 정유재란순절묘역의 후손들과 선조들의 위령제를 모시기 위한 위령관 건립

12) 왜덕산 묘역 정비사업 (고군 내동) :

- 일본군 무명용사들의 묘역 정비 및 위령탑 설치
- 주변 복원 및 안내판 등

12) 왜덕산 묘역 정비사업 (고군 내동)	2천평	10억	· 주변 복원 및 안내판 등

13) 왜덕산 참배탑 (고군 내동) :

- 일본인 관광객을 위한 참배소 마련

13) 왜덕산 참배탑 (고군 내동)	500평	10억	· 일본인 관광객을 위한 참배소 마련

14) 금갑진성 복원 및 사구미연대 복원사업 (의신 금갑) :

- 난중일기에 금갑도만호와 만나는 이순신 장군과의 관련성에 착안하여 도지정 기념물인 금갑진성을 복원하고 요새인 금갑진성의 관광화사업 추진
- 금갑진성의 지형을 한눈에 알아 볼 수 있는 오거(불피우던 다섯 자리)가 그대로 남아 있는 사구미연대는 경치도 절경이라 금갑 해수욕장과 더불어 아름다운 진도 바다의 관광명소화 가능

14) 금갑진성 복원 및 사구미연대 복원 사업 (의신 금갑)	12,000평	20억	· 난중일기에 금갑도만호와 만나는 이순신 장군과의 관련성에 착안하여 도지정 기념물인 금갑진성을 복원

〈벽파정 프로젝트〉

학예연구사 김 미 경

□ 주제 : 이충무공 불멸 정신과 리더십 배우기
 – 명량대첩의 중심지는 벽파진이었다 –

□ 이충무공 벽파정 유적지 복원 사업 추진

○ 이충무공 벽파정 복원 및 호국체험관 설립

: 벽파정은 이충무공이 무려 17일 동안 머물면서 일본군과 벽파진해전을 치루어 승리한 승전지이고, 수군을 정비하여 명량대첩을 승리로 이끈 호국의 현장이다. 명량대첩에서 대승을 거둔 후 이순신 장군은 직접 선조에게 보고한 승전 내용에서 벽파정에서 크게 이겼다고 말했을 정도로 이충무공은 벽파를 거점으로 전쟁을 준비했고, 그 당시 직접 천거한 진도군수 송덕일과 긴밀히 협조하며 진도 충신(조응량·조명신 父子, 박헌, 김수생, 이천귀, 양응지, 양계원, 박종 등)들과 목숨을 건 전투 끝에 명량해전을 승리로 이끌었다. 바로 이순신의 난중일기에 기록된 17일 동안의 벽파진에서의 이순신의 탁월한 리더십을 현대인(특히, 기업인, 중·고·대학생의 정신 재교육)들에게 정신강화 훈련 교육을 시키기 위해 벽파정을 복원하고 이충무공 정신을 본받기 위한 호국체험관

을 설립하여 건강한 국민으로 만드는 산교육장으로 활용해야 한다. 명량해전의 수뇌부는 바로 벽파진에 진이 있었다.

※ 참고자료 : 벽파진해전

기적은 신뢰의 땅에서 생긴다

칠천량 패전으로 조선의 운명에 검은 먹구름이 뒤덮였다. 조선 조정도 당황했다. 즉시 이순신에게 다시 삼도수군통제사 직을 맡기기로 결정했다. 도원수 권율과 의견을 나눈 이순신은 직접 전황을 살피고 수군 재건을 위해 합천 초계를 출발했다. 합천을 거쳐 진주 땅 수곡에 이르러, 이순신은 삼도수군통제사 직첩을 받았다. 이후 이순신은 남해, 하동, 구례, 보성, 순천, 낙안, 장흥을 거쳐 회령포까지 장장 천 리가 넘는 길을 걸었다. 그것은 수군을 다시 재건하려는 행보였다.

이순신이 가는 곳마다 백성들이 몰려나와 술과 음식을 바쳤다. 그리고 울었다. 이순신은 대장정을 통해 군사들을 모았다. 그리고 마침내 도착한 회령포, 그곳에서 경상우수사 배설이 이끄는 12척의 판옥선을 인수했다. 함대를 이순신에게 인계한 배설은 며칠 아프다고 하더니 탈영해 버렸다. 조정에서는 이순신에게 삼도수군통제사를 다시 맡기면서 힘들면 수군을 포기하고 육군에서 도우라고 했다. 이순신의 대답은 간단했다. "신에게는 아직 열두 척의 배가 있사옵니다." 12척의 판옥선과 1,000여 명이 될까 말까한 수군이 전부였다.

이순신은 본진을 장흥의 회령포에서 해남으로 이동시켰다. 즉각적인 적과의 대규모 전투를 피하려는 의도였다. 가장 시급한 문제는 수군의 사기 양양이었다. 이순신은 병사들의 사기를 높이고 잃어버린 자신감을 되찾게 하고 싶었다.

1597년 8월 28일, 적선 8척이 어란포로 접근해 왔다. 이순신은 적과 맞서 싸우기로 했다. 이미 칠천량의 승리로 사기가 오를 대로 오른 일본군은 정면 승부를 걸어왔다. 이순신 역시 정면 승부를 선택했다. 그러나 조선 수군들의 움직임이 예전 같지 않았다. 이순신은 직접 간판으로 내려와 강궁을 들고 화살을 쏘았다. 조총을 겨누던 적병 몇이 쓰러졌다. 그제서야 수군들도 활을 쏘기 시작했다. 장군전 한 발이 맨 선두에 있던 적선을 명중시켰다. 적선에 구멍이 뚫리고 선체가 기울기 시작했다. 이를 신호로 일제히 함포 사격이 시작되었다. 8척의 적선은 순식간에 무너졌다. 남은 적선이 뱃머리를 돌렸다. 혹시 매복이 있을지 모를 일이다. 그러나 이순신은 위험을 감수하기로 했다. 추격해야 한다. 그래서 아군 앞에서 도망가는 적의 뒷모습을 단단히 보여주어야 했다. 이순신은 해남 반도 남단까지 적을 쫓았고, 충분한 추격전 후 함대를 멈추게 했다. 판옥선에서는 함성이 올랐다.

1597년 8월 30일, 또다시 일본군이 벽파진 앞에 나타났다. 이번에도 일본군은 조선 수군에 쫓겨 갔다. 이번에는 멀리 추격하지 말도록 했다. 그날은 8월 그믐이었다. 이순신이 적을 멀리 추격하지 않도록 한 것은 그의 승부수였다. "오늘 밤 적의 야습이 있을 것이다. 전군은 전선 위에서 비상 대기하도록 하고, 신기전과 불화살을 충분히 준비하라!" 이순신은 낮에 쳐들어온 일본군을 일부러 멀리 쫓지 않았다. 만약 적이 멀리 달아나지 않았다면, 오늘 밤 야습을 해 올 가능성이 있다. 더구나 저들은 칠천량에서 어둠을 뚫고 다가와 조선 수군을 궤멸시킨 경험이 있지 않은가.

마침내 그의 예상은 적중했다. 일본군이 한밤에 기습해 온 것이다. 이미 대비하고 있던 조선 수군은 적이 가까이 오기를 기다려 일제히 불화살과 신기전을 쏘았다. 일본군은 그야말로 혼비백산했고, 변변한 공격조차 못 해본 채 퇴각했다. 이순신 진영의 분위기가 확 달라졌다. '어두운 밤에 불의의 야습을 우리 장군께서 미리 아시고 막아내지 않았는가? 역시 장군은 하늘이 내리신 분이다!' 라는 분위기가 진중에 돌았다. 이순신은 안도했다. 이제 군사들은 예전처럼 나를 믿고 따를 것이다.

(1) 벽파정 복원 : 에펠탑 정상에 에디슨을 밀랍으로 만들어 에디슨 정신을 관람객들에게 실감하게 한 것처럼 벽파정을 복원하여 밀랍으로 그 당시 이순신 장군과 그의 부하들의 전략회의 장면을 복원한다. 이충무공은 벽파진을 거점으로 명량해전의 모든 작전을 계획하고 실천하여 세계 해전 유례없는 명량대첩의 쾌거를 달성한다.

(2) 호국체험관 설립
  ① 가상체험관(배모양) : 3D 설치하여 그 당시 벽파정을 중심으로 한 긴박하고 치열했던 전투의 순간을 실감나게 보여준다.
  ② 이순신관 : 관람객 자신이 직접 이순신 장군이 되어 이순신 장군 의상을 입고 이순신의 리더쉽을 직접 발휘해 본다.

③ 난중일기관 (이순신 장군의 17일간의 대장정 체험하기)

: 난중일기를 읽으며 난세(亂世)를 잘 극복한 이순신 장군의 지혜를 배운다. 이순신 장군이 벽파진에 진을 치고 명량해전을 준비하고 벽파해전을 치룬 17일 동안의 내용을 17코너로 나누어 난중일기의 학습체험의 기회를 가지게 한다.

선조실록에 의하면 이순신 장군은 진도 벽파진에서 크게 이겼다고 본인이 직접 보고를 했을 정도로 명량해전의 핵심 장소로 벽파진을 이용했다. 다만, 전투의 유리한 점 때문에 음력 9월 16일, 진도 군내면과 해남 문내면 사이의 좁은 해협을 전략전술의 한 방법으로 이용했을 뿐이다. 명량대첩비의 기록이나 선조실록 그리고 난중일기의 기록으로 미루어 볼 때 이순신 장군의 명량해전의 중심부는 바로 벽파정이 있었던 벽파진이었음이 틀림없다.

※ 참고 자료

<난중일기>

8월 29일 [양력 10월 9일]<정해> 맑다.

아침에 건너왔다. 벽파진(진도군 고군면 벽파리)에 대었다.

8월 30일 [양력 10월 10일]<무자> 맑다.

그대로 벽파진에서 머물렀다. 정탐꾼을 나누어 보냈다.

저녁나절에 배설(裵楔)은 적이 많이 올 것을 염려하여 달아나려고 했으나, 그 관할 아래의 장수들이 찾기도 하고, 나도 그 속뜻을 알고 있지만, 딱 드러나지 않은 것을 먼저 발설하는 것은 장수로서 할 도리가 아니므로 참고 있을 즈음에, 배설(裵楔)이 제 종을 시켜 솟장을 냈는데, 병세가 몹시 중하여 몸조리 좀 해야 하겠다고 하였다.

나는 뭍으로 내려 몸조리하고 오라고 공문을 써 보냈더니, 배설(裵楔)은 우수영에서 뭍으로 내렸다.

정유년 9월 (1597년 9월)
9월 초1일 [양력 10월 11일]<기축> 맑다.
그대로 벽파진에 머물렀다. 나는 내려가 벽파정위에 앉았는데, 점세(占世)가 탐라에서 나와서 소 다섯 마리를 싣고 와서 바쳤다.

9월 2일 [양력 10월 12일]<경인> 맑다.
오늘 새벽에 경상수사 배설(裵楔)이 도망갔다.

9월 3일 [양력 10월 13일]<신묘> 아침에 맑았다가 저녁에 비가 뿌렸다.
밤에는 된바람이 불었다. 봉창 아래에서 머리를 웅크리고 있으니 그 심사가 어떠하랴!

9월 4일 [양력 10월 14일]<임진> 맑은데, 된바람이 세게 불었다.
배가 가만히 있지 못해서 각 배들을 겨우 보전했다. 천행이다.

9월 5일 [양력 10월 15일]<계사> 된바람이 세게 불었다. 각 배를 서로 보전할 수가 없었다.

9월 6일 [양력 10월 16일]<갑오> 바람은 조금 자는 듯 했으나, 물결은 가라앉지 않았다. 추위가 엄습하니 격군들 때문에 걱정이다.

9월 7일 [양력 10월 17일]<을미> 맑다. 바람이 비로소 그 쳤다.

탐망군관 림중형(林仲亨)이 와서 보고하기를, "적선 쉰다 섯 척 가운데 열세 척이 이미 어란 앞바다에 도착했다. 그 뜻 이 우리 수군에 있는 것 같다."고 했다. 그래서 각 배들에게 엄중히 일러 경계하였다. 오후 네 시쯤에 적선 열세 척이 곧 장 진치고 있는 곳으로우리 배로 향해 왔다. 우리 배들도 닻 을 올려 바다로 나가 맞서서 공격하여 급히 나아가니, 적들이 배를 돌려 달아나 버렸다. 뒤쫓아 먼 바다에까지 갔지만, 바 람과 조수가 모두 거슬러 흘러(逆流) 항해할 수가 없어 복병 선이 있을 것을 염려하여 더 쫓아가지 않고 벽파진으로 돌아 왔다. 이날 밤에 여러 장수들을 불러 모아 약속하며 말하기 를, 오늘 밤에는 반드시 아무래도 적의 야습이 있을 것 같아, 여러 장수 들은 미리 알아서 준비할 것이며, 조금이라도 명령 을 어기는 일이 있으면 군법대로 시행할 것이라고 재삼 타일러 분명히 하고서 헤어졌다. 밤 열 시쯤에 적선이 포를 쏘며 기습으로 공격해 왔다. 우리의 여러 배들이 겁을 집어 먹는 것 같아 다시금 엄명을 내리고, 내가 탄 배가 곧장 적선 앞으로 가서 지자포를 쏘니 강산이 진동했다.

그랬더니 적의 무리는 당해 내지 못하고 네 번이나 나왔다 물러났다 하면서 포를 쏘아댔다. 밤 한 시가 되니 아주 물러 갔다. 이들은 전에 한산도에서 승리를 얻은 자들이다.

9월 8일 [양력 10월 18일]<병신> 맑다.

적선이 오지 않았다. 여러 장수들을 불러 대책을 논의했다. 우수사 김억추(金億秋)는 겨우 만호깜이나 맞을까 대장으로 쓰일 재목은 못되는 데도 좌의정 김응남(金應南)이 서로 친밀한 사이라고 해서 억지로 임명하여 보냈다. 이러고서야 조정에 사람이 있다고 할 수 있는가! 다만 때를 못 만난 것을 한탄할 뿐이다.

9월 9일 [양력 10월 19일]<정유> 맑다.

오늘이 곧 9일(중양절)이다. 군대 전부에게도 좋은 명절이다. 나는 복재기(喪制)이지만 여러 장병들에게야 먹이지 않을 수 없다. 그래서 제주에서 나온 소 다섯 마리를 녹도와 안골포 두 만호에게 주어서 장병들에게 음식을 먹이고 있는데, 저녁나절에 적선 두 척이 어란포에서 바로 감보도(진도군 고군면)로 들어와 우리 배의 많은지 적은지를 정탐했다. 영등포만호 조계종이 끝까지 따라 갔더니, 적들은 어리둥절하

여 배에 실었던 물건을 몽땅 바다 가운데로 던져버리고 달아
났다.

9월 11일 [양력 10월 21일]<기해> 흐리고 비가 올 것 같다.
홀로 배 위에 앉았으니, 그리운 생각에 눈물이 흘렀다. 세
상에 어찌 나같은 사람이 있겠는가! 아들 회는 내 심정을 알
고 심히 언짢아 하였다.

9월 12일 [양력 10월 22일]<경자> 종일 비가 뿌렸다.
봉창 아래서 심회를 걷잡을 수가 없었다.

9월 13일 [양력 10월 23일]<신축> 맑은데 된바람이 세게
불었다.
배가 가만 있지를 못했다. 꿈이 이상하다. 임진년에 대첩
했을 때와 얼추 같다. 이 징조를 모르겠다.

9월 14일 [양력 10월 24일]<임인> 맑다.
벽파정 맞은편에서 연기가 오르기에 배를 보내어 싣고 오
니 바로 임준영(任俊英)이 육지를 정탐하고 와서 말하기를,
"적선 이백 여 척 가운데 쉰다섯 척이 이미 어란 앞바다에 들
어왔다."고 하였다. 또 말하기를, "적에게 사로잡혔던 김중
걸(金仲乞)이 전하는 데, 이달 6일에 달마산으로 피난갔다가
왜놈에게 붙잡혀 묶여서는 왜선에 실렸습니다. 김해에 사는
이름 모르는 한 사람이 왜장에게 빌어서 묶인 것을 풀어 주었

습니다.

　그날 밤에 김해 사람이 김중걸(金仲乞)의 귀에다 대고 말하기를, 왜놈들이 모여 의논하는 말이, '조선 수군 열여 척이 왜선을 추격하여 사살하고 불태웠으므로 할 수 없이 보복해야 하겠다. 극히 통분하다. 각 처의 배를 불러 모아 조선 수군들을 모조리 죽인 뒤에 한강으로 올라 가겠다.'고 하였습니다."는 것 이었다. 이 말은 비록 모두 믿기는 어려우나, 그럴 수도 없지 않으므로, 전령선을 우수영으로 보내어 피난민들을 타일러 곧 뭍으로 올라 가라고 하였다.

　9월 15일 [양력 10월 25일]<계묘> 맑다.

　조수를 타고 여러 장수들을 거느리고 우수영 앞바다로 진을 옮겼다. 벽파정 뒤에는 울돌목이 있는데 수가 적은 수군으로써 명량을 등지고 진을 칠 수 없기 때문이다. 여러 장수들을 불러 모아 약속하면서 이르되, "병법에 '반드시 죽고자 하면 살고 살려고만 하면 죽는다'고 했으며, 또 '한 사람이 길목을 지키면, 천 사람이라도 두렵게 한다'고 했음은 지금 우리를 두고 한 말이다. 너희 여러 장수들이 살려는 생각은 하지 마라. 조금이라도 명령을 어기면 군법으로 다스릴 것이다. 조금이라도 너그럽게는 용서하지 않을 것이다" 하고 재삼 엄중히 약속했다. 이날 밤 신인(神人)이 꿈에 나타나, "이렇게 하면 크게 이기고, 이렇게 하면 지게 된다"고 일러 주었다.

9월 16일 [양력 10월 26일]<갑진> 맑다.

아침에 별망군이 나와서 보고하는 데, 적선이 헤아릴 수 없을 만큼 많이 울돌목을 거쳐 곧바로 진치고 있는 곳으로 곧장 온다고 했다. 곧 여러 배에 명령하여 닻을 올리고 바다로 나가니, 적선 백서른세 척이 우리의 여러 배를 에워쌌다. 대장선이 홀로 적진 속으로 들어가 포탄과 화살을 비바람 같이 쏘아대건만 여러 배들은 관망만 하고 진군하지 않아 사태가 장차 헤아릴 수 없게 되었다. 여러 장수들이 적은 군사로써 많은 적을 맞아 싸우는 형세임을 알고 돌아서 피할 궁리만 했다. 우수사 김억추(金億秋)가 탄 배는 물러나 아득히 먼 곳에 있었다. 나는 노를 바삐 저어 앞으로 돌진하여 지자총통·현자총통 등 각종 총통을 어지러이 쏘아대니, 마치 나가는 게 바람 같기도 하고 우레 같기도 하였다. 군관들이 배 위에 빽빽히 서서 빗발치듯이 쏘아대니, 적의 무리가 감히 대들지 못하고 나왔다 물러갔다 하곤 했다. 그러나 적에게 몇겹으로 둘러 싸여 앞으로 어찌 될지 한 가진들 알 수가 없었다. 배마다의 사람들이 서로 돌아보며 얼굴빛을 잃었다. 나는 침착하게 타이르면서, "적이 비록 천 척이라도 우리 배에게는 감히 곧바로 덤벼들지 못할 것이다. 일체 마음을 동요치 말고 힘을 다하여 적선에게 쏴라."고 하고서, 여러 장수들을 돌아보니, 물러나 먼 바다에 있었다. 나는 배를 돌려 군령을 내리자니 적들이 더 대어들 것 같아 나아 가지도 물러나지도 못할 형편이었다. 호각을 불어서 중군에게 명령하는 깃발을 내리고 또 초요기를 돛대에 올리니, 중군장미 조항첨사 김응

함(金應)의 배가 차차로 내 배에 가까이 오고, 거제현령 안위(安衛)의 배가 먼저 왔다. 나는 배 위에 서서 몸소 안위(安衛)를 불러 이르되, "안위(安衛)야, 군법에 죽고 싶으냐? 너가 군법에 죽고 싶으냐? 도망간다고 해서 어디 가서 살것 같으냐?"고 하니, 안위(安衛)가 황급히 적선 속으로 돌입했다. 또 김응함(金應)을 불러 이르되, "너는 중군장으로서 멀리 피하고 대장을 구하지 않으니, 그 죄를 어찌 면할 것이냐? 당장 처형할 것이로되, 적세 또한 급하므로 우선 공을 세우게 한다."고 하니, 두 배가 곧장 쳐들어가 싸우려 할 때, 적장이 그 휘하의 배 두 척을 지휘하여 한꺼번에 개미 붙듯이 안위(安衛)의 배로 매달려 서로 먼저 올라 가려고 다투었다. 안위(安衛)와 그 배에 탔던 사람들이 죽을 힘을 다하여 몽둥이로 치기도 하고, 긴창으로 찌르기도 하고, 수마석 덩어리로 무수히 어지러이 싸우니 배 위의 사람들은 기진맥진하게 된데다가, 안위(安衛)의 격군 일여덟 명이 물에 뛰어들어 헤엄치는데 거의 구하지 못할 것 같았다. 나는 배를 돌려 곧장 쳐들어가 빗발치듯 어지러이 쏘아대니, 적선 세 척이 얼추 엎어지고 자빠지는데 녹도만호 송여종 (宋汝悰)·평산포대장 정응두(丁應斗)의 배가 줄이어 와서 합력하 여적을 쏘아 한 놈도 몸을 움직이지 못했다. 항복해온 왜놈 준사(俊沙)란 놈은 안골포의 적진에서 투항해온 자이다. 내 배 위에서 내려다 보며, "저 무늬 있는 붉은 비단옷을 입은 놈이 적장 '마다시'다"고 하였다. 나는 김돌손(金乭孫)으로 하여금 갈구리를 던져 이물로 끌어 올렸다. 그러니 준사는 펄쩍 뛰며, "이게 마다시

다"고 하였다. 그래서, 곧 명령하여 토막으로 자르게 하니, 적
의 기운이 크게 꺾여 버렸다. 이 때 우리의 여러 배들은 적이
다시는 침범해오지 못할 것을 알고 일제히 북을 치며 나아가
면서 지자총통·현자총통 등을 쏘고, 또 화살을 빗발처럼 쏘
니, 그 소리가 바다와 산을 뒤흔들었다. 우리를 에워 싼 적선
서른 척을 쳐 부수자, 적선들은 물러나 달아나 버리고 다시는
우리 수군에 감히 가까이 오지 못했다. 그곳에 머무르려 했
으나 물살이 무척 험하고 형세도 또한 외롭고 위태로워 건너
편 포구로 새벽에 진을 옮겼다가, 당사도(무안군 암태면)로
진을 옮기어 밤을 지냈다. 이것은 참으로 천행이다.

④ 명량대첩관 : 현재 1668년에 만든 명량대첩비는 해남의 충무사
에 있다. 그러나 그 내용을 잘 살펴보면 이 비는 진도 벽파진이
내려다보이는 우수영 좌측의 작은 구릉 위에서 이 전투를 기념
하기 위해 숙종 때 건립한 것으로 선조 30년(1597년) 9월에 이
충무공이 우수영 건너편인 진도 벽파정 아래에 진을 치고 급류
를 이용하여 왜선을 물리친 상황을 기록하고 있다. 이런 취지를
살려 보물 503호인 명량대첩비를 진도 벽파정에 다시 복원하여
그 뜻을 널리 알려야 한다.

⑤ 호국체험관 : 벽파정을 중심으로 초가집(상주하는 음식점도 개
설)을 여러 채 복원하고 서바이벌 게임장 그리고 이충무공이 9
월 9일 중양절에 군대 전부에게 소 5마리를 잡아 포식을 시켰
던 점 등에 착안하여 음식 축제를 개최하는 등 그 당시 이순신
장군과 부하들이 지녔던 힘든 환경 속에서 잘 견디는 훈련을 직

접 체험한다.

⑥ 강강술래관 : 현재 망금산 관방성을 복원하고 강강술래관을 만들어 이순신 장군의 뛰어난 전략전술인 강강술래를 세상에 널리 알리고 직접 강강술래 예능보유자들과 그 당시 군복을 입고 강강술래를 부르며 조국애를 느껴본다.

⑦ 무명용사위령관 : 정유재란 때 진도군(명량해전)은 초토화되어 현존하는 진도군의 직계 선조(先祖)가 대부분 임란(壬亂) 이후로 알려져 있다. 이는 임진왜란과 정유재란 당시에 진도군민들이 나라를 위해 얼마나 목숨을 바쳐 싸웠는지를 실감할 수 있는 부분이다. 현재 진도군 고군면 도평리 일대 야산에는 조응량과 박헌을 비롯하여 비문이 분명치 않은 묘까지 약 200여 기의 무명용사 묘역이 분포되어 있다. 이를 정비하고 위령관을 세워 정유재란 때 조국을 위해 하나 밖에 없는 목숨을 내놓은 애국충신들의 높은 뜻을 되새긴다.

이상과 같이 욕심껏 500억 프로젝트에 대해 얼기설기한 기획(안)을 여러분께 소개했다. 총 530억이지만, 이미 "충무공 이순신 동상 및 역사공원"에 대한 30억은 집행되었으니 그것을 빼면 앞으로 실행해야 할 예산은 500억이다. 그래서 나는 이것을 우선, 혼자서 "오공공 프로젝트"라고 부를 것이다. 꼭 내가 아니더라도 이 프로젝트는 반드시 실행되어야 한다. 이는 대한민국의 호국 정신을 전 세계 – 방방곡곡에 알리기 위해서라도 꼭 필요한 프로젝트이기 때문이다.

세계무형유산 걸작 강강술래의 세계화를 위한 작은 마음의 시작 – 그 이름 최소심!!!

오공공 프로젝트를 꿈꾸게 한 그녀의 이름은 최소심이다. 작은 마음 또는 작은 잎새라는 "작은"의 수식어를 앞에 달고 이 세상을 살다 간 그녀는 강강술래의 "큰" 진도 명인이다. 천상 태어날 때부터 "끼"와 "권"을 타고난 그녀는 진정한 아름다운 예술인이다.

나는 최소심이라는 예인을 보면서 결혼을 몇 번 했든 술집을 걸지게 했든 함바집을 갈팡지게 했든 그건 그녀의 예술에 아무런 걸림돌이 되지 않는다는 것을 알아챘다. 예술인은 그냥 예술인일 뿐이다. 사람들의 평가 따위는 아랑곳하지 않을 수 있어야 진정한 예술인이다. 귀가 얇아 이리저리 갈대처럼 나부끼면 진정한 예술혼은 바람 따라 저 멀리로 사라져 버린다.

그런 차원에서 나는 이 책을 쓰면서 알게 된 진정한 최소심 예인의 강강술래에 대한 예술혼에 깊은 찬사를 보낸다. 그리고 진도군 군내면 둔전리에서 전파한 강강술래의 오리지널리티(originality)에 뜨거운 감탄을 보낸다.

그래서 감사한다. 이 책을 쓸 수 있도록 해 준 모든 분들께 진심으로 감사의 마음을 보낸다. 제일 먼저, 늘, 보고 또, 보면서 정말 훌륭한 책이라고 생각한 "뿌리 깊은 나무"에서 특별히 펴내 주신, 『시방은 안해 강강술래럴 안해』라는 최소심 예인의 책을 발행해 주신 발행인과 편집인 그리고 진도로 발품을 팔면서 몇 번이고 최소심 예인을 취재해 준 강윤주 선생님께 깊은 존경의 마음과 함께 깊이 감사드린다. 또, 처음 생길 때 문화사업팀장으로 등용되었지만, 지금은 아무도 모르는 전라남도문화재단에서 지역문화예술육성사업 "문화예술연구(전통문화예술 연구조사)"로 500만 원을 지원해 주어 감사한다. 그리고 이런 말을 하는 것이 매우 부끄럽지만, 맨 처음부터 열렬히 지지한 대한민국 문재인 대통령님께 감사드리고, 중앙대 강사 시절 잠깐 뵌 적은 있는 박양우 문화관광체육부 장관님께도 감사드린다. 강강술래를 쓴다고 하니 격려를 아끼지 않은 이동진 진도군수님과 박주언 진도문화원장님께도 감사드리고, 진도군 문화관광과에서 함께 열심히 일했던 한태철 문화예술체육과장님과 군내면 김희흔 면장님께도 감사드린다.

또 둔전리 – 이승대 군내면 이장 단장님께도 감사드리고, 특히 물심양면으로 나를 도와 준 울돌목꿈쟁이마을학교 이철호 교장선생님께 깊은 감사의 마음을 전한다. 더군다나 선조의 묘소에 거침없이 데려 가 준 이원용 선생님, 박병량 선생님께 감사드리고, 엄마하고 친했다고 "떡절네 – 최소심 할머니"에 대해 여러 이야기를 들려 준 이광원 선생님께도 감사드린다. 그리고 마지막으로 강강술래 진도 명인 – 최소심 예인의 삶과 예술이야기를 쓸 수 있도록 큰 도움을 준 박용순 예능보유자 선생님과 둔전 마을 모든 꽃다운 여인네들에게 고개 숙여 깊은 감사의 마음을 표한다.

이제사 되았다. 후련허다. 마치 유언을 헌 것처럼.

2020년 11월 금골산이 형형색색으로 아름다운 가을날,
진도 금골마루북카페에서 *海野* 김미경 드림.

海野 김미경

·고려대학교 동양사학과·국어국문학과.
·고려대학교 대학원 한문학(연행록)·민속학(스토리텔링)전공.
·문학박사. 민속학자. 방송작가. 시인. 스토리텔링 작가.
·前 고려대 민족문화연구원 연구원. KBS·EBS 방송작가.
·前 중앙대 예술대학원 문화콘텐츠학과 강사. 한국외대 대학원
　　글로벌문화콘텐츠학과 강사. 강원대 스토리텔링학과 강사.
·前 원광대 대학원 문화콘텐츠전공 교수. 전주대학교 연구교수
　　중국 북경 중앙민족대학 방문학자.
·前 전남문화예술재단 문화사업팀장. 진도군 학예연구사.
　　나주시 역사문화큐레이터 & 스토리텔링작가.
·現 김미경스토리텔링연구소 소장.
·現 한국국학진흥원 이야기할머니사업단 현지연구원(광주·전남권).
·現 한국문인협회 회원. 한국방송작가협회 회원.
·現 전라남도 가고 싶은 섬(섬 가꾸기) 자문위원 및 평가위원.
·現 한국도서(섬)학회 부회장.
·저서
　『진도 축제식 상장례 민속의 연희성과 스토리텔링』(2013, 민속원)
　『완주, 추억의 삼례장 스토리텔링 북』(2016, 완주군)
　『공주 계룡산 상신마을 스토리텔링 북』(2015, 스카이컴)
　『스토리텔링의 보물섬, 고군산군도』(2015, 신성출판사·공저)
　『경주개 동경이마을 스토리텔링 북』(2014, 경주개 동경이 사업단)
　『조선 선비와 함께 떠나는 중국 여행 – 東華 李海應의『薊山紀程』研究』(2012, 민속원)
·논문
　순천향대학교이순신연구소,『명량대첩과 진도』, 이순신연구논총 제6호, 2006.
　한국도서(섬)학회,『珍島 流配文化의 一考察』, 한국도서연구 제18권, 2006.
　한국공연문화학회,『진도 장례의 무대 공연예술로서의 스토리텔링의 실제』,
　　　　공연문화연구 17집, 2008.